Les Relations Franco-Allemandes

**Dossiers édités par
Jürgen Wagner,
Franziska Carrouée,
Hans-Joachim Martin**

Les Relations Franco-Allemandes

Textsammlung für Französischkurse an der gymnasialen Oberstufe

Herausgeber: Prof. Dr. Herbert Christ
Redaktion: Dr. Yvonne Petter, Ursula Beneke
Lay-out: Regelindis Westphal, Laurence Aubineau
Umschlaggestaltung: Regelindis Westphal

www.cornelsen.de

1. Auflage, 5. Druck 2006

Alle Drucke dieser Auflage sind inhaltlich unverändert
und können im Unterricht nebeneinander verwendet werden.

Satz und Litho: Satzinform, Berlin

Druck: freiburger graphische betriebe

ISBN-13: 978-3-464-00478-4
ISBN-10:   3-464-00478-3

 Inhalt gedruckt auf säurefreiem Papier aus nachhaltiger Forstwirtschaft.

Index

DIFFÉRENCES ET COMPLÉMENTARITÉ

RÊVES ET RÉALITÉ

UN PASSÉ TOURMENTÉ

1 ■ Haine et fascination

Vingt-trois conflits depuis Charles Quint et François Ier. Deux guerres mondiales en un siècle. Pourtant, comme Voltaire et Kant, on s'admire encore entre voisins. Michèle Georges

La germanophobie est, en France, un phénomène tardif. Le royaume de France méprise cette mosaïque de duchés et de principautés (en 1780, on compte encore 340 États) qui constitue l'Allemagne. Il se contente de l'envahir régulièrement. «Entre le premier affrontement de Charles Quint et de François Ier et la Seconde Guerre mondiale, il y a eu 23 conflits guerriers franco-allemands, dont la très grande majorité s'est déroulée en territoire allemand», écrit Joseph Rovan dans son Histoire de l'Allemagne.

L'attitude allemande oscille longtemps entre haine et fascination: Frédéric II, roi de Prusse, écrit des lettres passionnées à Voltaire, les souverains bavarois se font construire des répliques du château de Versailles. Mais c'est l'invasion du Palatinat par Louis XIV qui suscite le premier sursaut nationaliste allemand.

La Révolution française provoque outre-Rhin des réactions contrastées. Enthousiasmé, Kant modifie l'inexorable parcours de sa promenade. La Terreur et les guerres napoléoniennes déçoivent: Beethoven biffe la dédicace «À un grand homme» de sa Symphonie héroïque, dédiée à Napoléon.

Avec le philosophe Fichte, le patriotisme devient nationaliste. Et même pangermaniste. Dans ses «Discours à la nation allemande», il proclame la supériorité de la langue, donc de la pensée allemande. Les nazis en tireront l'affirmation de la supériorité de l'Allemagne. Les destins sont scellés: contre l'universalisme révolutionnaire français «dévoyé», le nationalisme allemand jouera l'enfermement national – le peuple, les racines, les fantasmes de pureté médiévale. C'est à la même époque que le mot «boche» est inventé en France.

Avec la défaite de 1870, les Prussiens sont à Paris. L'Alsace-Lorraine est perdue. Les antiboches n'en finiront pas de chanter «Je ne nourrirai pas le fils d'un A-lle-mand. Ma mamelle est française.» Pis: l'Allemagne unifiée – le Reich – de Bismarck accumule les succès économiques. Les Français haïssent les «commis voyageurs» allemands.

1914. Triste revanche dans les tranchées: 1 400 000 morts français; 1 900 000 allemands. La France a gagné. Mais l'Allemagne compte encore 62 millions d'habitants. La France – 40 millions – devient un pays de veuves et de villages déserts. Le traité de Versailles n'apporte rien à la France, mais affame l'Allemagne et l'enrage en affirmant sa «responsabilité morale» dans la guerre.

Sur ce terreau pourri germera le nazisme, hystérie d'un nationalisme manqué et humilié. Cette fois, la fureur germanique envahit l'Europe et se déchaîne contre l'«ennemi intérieur»: les juifs. L'Allemagne hallucinée ne veut plus qu'une seule racine: germanique. En 1940, l'offensive sur la France atteint en quelques jours la côte atlantique. Une déroute totale.

«Paris humilié, mais Paris libéré.» Le général de Gaulle efface habilement de la mémoire française les taches de la défaite et de la collaboration. Pour l'Allemagne, l'effondrement
40 ∟ est politique, militaire et moral. Elle se réfugie dans l'efficacité économique et la ferveur européenne.

1962. Le général de Gaulle fait une visite triomphale en Allemagne et parle du «grand peuple allemand». Le chancelier Adenauer est reçu avec faste dans la cathédrale de Reims. Le traité franco-allemand est signé. Un mariage de raison. Aujourd'hui encore,
45 ∟ on ricane outre-Rhin sur la «grande nation française». Et on s'interroge à Paris sur la force du mark et l'«Europe allemande». Bref, on en reste à la dialectique des différences: la nation française contre la puissance allemande.

Michèle Georges, Haine et fascination, L'Express, 12 décembre 1996, p. 88

∟ **3 tardif/-ive:** qui apparaît tard ∟ **4 le duché:** Herzogtum ∟ **4 la principauté:** Fürstentum ∟ **9 osciller:** varier en passant par des alternatives ∟ **11 la réplique:** *ici* la copie ∟ **11 le Palatinat:** die Pfalz ∟ **12 susciter qc:** provoquer qc ∟ **14 inexorable:** inévitable ∟ **14 La Terreur:** les mesures d'exception prises par le gouvernement révolutionnaire depuis la chute des Girondins (juin 1793) jusqu'à celle de Robespierre (27 juillet 1794) ∟ **15 biffer qc:** supprimer qc ∟ **15 la dédicace:** la formule manuscrite sur un livre, une photographie pour en faire hommage à qn ∟ **20 sceller qc:** décider qc définitivement ∟ **20 dévoyé/e:** perverti/e ∟ **22 le boche** *inj.:* l'Allemand ∟ **26 la mamelle:** Mutterbrust ∟ **27 le commis voyageur:** le voyageur de commerce ∟ **28 la tranchée:** Schützengraben ∟ **31 affamer qn:** faire souffrir qn de la faim ∟ **33 germer:** commencer à se développer ∟ **34 se déchaîner:** se déclencher ∟ **37 la déroute:** la débâcle ∟ **39 la tache:** le déshonneur, la chose impure ∟ **39 la défaite:** *contr.:* la victoire ∟ **39 l'effondrement** *m.:* la chute ∟ **43 le faste:** la splendeur ∟ **45 ricaner de qc:** höhnisch über etw. lachen ∟ **46 la dialectique:** la logique, le raisonnement

Couverture d'une revue de 1918

6

AUTOUR DU TEXTE

1   Expliquez le sens du mot «germanophobie». De quelle époque date la germanophobie en France?

2   La situation politique était totalement différente dans les deux pays bien avant la Révolution française. Quelles étaient les causes et les conséquences de cette différence et du rapport des forces qui en résultait?

3   Comment Michèle Georges caractérise-t-elle la nature des relations franco-allemandes à la fin de l'Ancien Régime?

4   Montrez que la Révolution française et les guerres napoléoniennes marquent un tournant dans les relations entre les deux peuples.

5   Quel est le rôle que la France a joué dans l'essor du nationalisme allemand? En quoi consiste la spécificité malsaine de ce nationalisme perverti sous le régime nazi?

6   Au lendemain de la guerre de 1870–71, les relations entre les deux peuples sont au plus bas. Pourquoi? Comment cela s'est-il traduit dans les faits?

7   Montrez que le bilan de la Première Guerre mondiale a été presque aussi désastreux pour la France victorieuse que pour l'Allemagne vaincue.

8   Comment Michèle Georges explique-t-elle la montée du nazisme en Allemagne?

9   La France, tout comme l'Allemagne, sort traumatisée de la Seconde Guerre mondiale. Comment les deux pays ont-ils essayé de tourner cette page sanglante chacun à sa manière?

10 Expliquez les expressions suivantes:
le sursaut nationaliste; le pangermanisme; l'universalisme révolutionnaire; l'enfermement national; les fantasmes de pureté; ce terreau pourri; la fureur germanique; l'Allemagne hallucinée; le mariage de raison; l'Europe allemande.

AU-DELÀ DU TEXTE

1   Quelle leçon aurait-on dû tirer du désastre de la Première Guerre mondiale des deux côtés du Rhin pour prévenir d'autres catastrophes de ce genre?

2   Discutez le lien qui existe, selon l'auteur, entre «l'effondrement politique, militaire et moral» de l'Allemagne d'une part et le miracle économique et l'engagement du pays dans la construction européenne d'autre part.

3   Peut-on être attiré et repoussé à la fois par un seul et même pays?

4   Est-il vrai qu'en Allemagne on ricane toujours de la «grande nation française»?

5   Quelles raisons Allemands et Français ont-ils de s'admirer mutuellement?
Justifiez votre opinion.

6   Que vous inspire la conclusion de l'article?

2 ■ Simone de Beauvoir: Mémoires d'une jeune fille rangée

C'est «une petite fille rangée, heureuse et passablement arrogante» (p. 63) qui découvre un jour la réalité de la guerre. Simone de Beauvoir a dix ans en 1918, année où se situe son récit.

À travers les livres, les «communiqués», et les conversations que j'entendais, la vérité de la guerre se faisait jour: le froid, la boue, la peur, le sang qui coule, la douleur, les agonies.
5 └ Nous avions perdu sur le front des amis, des cousins. Malgré les promesses du ciel, je suffoquais d'horreur en pensant à la mort qui sur terre sépare à jamais les gens qui s'aiment. On disait parfois devant ma sœur et moi: «Elles ont de la chance d'être des enfants! Elles ne se rendent pas compte ...» En moi-même je protestais: «Décidément les adultes ne savent rien de nous!» Il m'arrivait d'être submergée par quelque chose de si amer, de si
10 └ définitif, que personne, j'en étais sûre, ne pouvait connaître pire détresse. Pourquoi tant de souffrances? me demandais-je. À la Grillère, des prisonniers allemands, et un jeune réfugié belge, réformé pour obésité, mangeaient la soupe dans la cuisine, côte à côte avec des travailleurs français: ils s'entendaient tous très bien. Somme toute les Allemands étaient des hommes; eux aussi saignaient et mouraient. Pourquoi? Je me mis à prier
15 └ désespérément pour que ce malheur prît fin. La paix m'importait plus que la victoire. Tout en montant un escalier, je parlais avec maman; elle me disait que la guerre allait peut-être bientôt s'achever: «Oui!» dis-je avec élan «qu'elle finisse! n'importe comment: mais qu'elle finisse» Maman s'arrêta net et me regarda d'un air effrayé «Ne dis pas une chose pareille! La France doit être victorieuse!» J'eus honte, non seulement d'avoir laissé
20 └ échapper une énormité, mais même de l'avoir conçue. Pourtant j'avais peine à admettre qu'une idée pût être coupable.

Simone de Beauvoir, Mémoires d'une jeune fille rangée, Gallimard, 1958, pp. 65–66

└ **1 rangé/e:** sérieux/-se └ **4 se faire jour:** apparaître └ **5 suffoquer de qc** *fig.:* être étouffé par qc └ **9 amer/-ère:** *ici* douloureux/-se └ **10 la détresse:** la souffrance └ **12 réformé/e:** impropre au service militaire └ **12 l'obésité** *f.:* *contr.:* la maigreur └ **20 concevoir qc:** imaginer qc

AUTOUR DU TEXTE

1   Comment la jeune fille découvre-t-elle la guerre? Quels côtés et effets de la guerre trouve-t-elle particulièrement horribles et douloureux? Pourquoi?
2   Quelles leçons tire-t-elle du spectacle qui s'offre à ses yeux et à sa sensibilité? En quoi ses conclusions et convictions nouvellement acquises divergent-elles de celles des adultes?
3   Pourquoi la petite Simone se plaint-elle d'être mal comprise des adultes?
4   Montrez qu'elle fait preuve d'un bon sens et d'une maturité en tous points remarquables.

3 ■ La Seconde Guerre mondiale

Le 1ᵉʳ septembre 1939, l'armée allemande attaque les Polonais; aussitôt la France et l'Angleterre, qui ont donné leur garantie à la Pologne, déclarent la guerre à l'Allemagne. La Deuxième Guerre mondiale commence en Europe.

Cette guerre est cruelle pour la France. Beaucoup mieux organisées que celles de la
5 └ France, les forces blindées et aériennes allemandes, après avoir triomphé en Pologne, au Danemark et en Norvège, écrasé la Hollande et la Belgique, détruisent l'armée française en six semaines (mai–juin 1940). L'Italie de Mussolini déclare la guerre à son tour, le 10 juin 1940, à la France et à l'Angleterre.

La IIIᵉ République ne survit pas à ce malheur. Glorieux soldat de la Première Guerre
10 └ mondiale, le maréchal Pétain devient le chef contesté d'un État très réduit, avec Vichy pour capitale. Les deux tiers du territoire national sont occupés par l'Allemagne, mais non l'empire colonial. Quelques Français décident de résister à l'ennemi, encouragés par l'appel du 18 juin 1940 lancé par radio depuis Londres par le général de Gaulle.

La guerre se prolonge. [...]
15 └ Deux débarquements alliés sur les côtes françaises en juin puis août 1944 libèrent le pays: l'armée française y a participé aux côtés des armées anglo-américaines. Celles-ci ont bénéficié, aussi, des nombreux renseignements fournis par les réseaux de résistance intérieure et les maquis.

En mai 1945, c'est la victoire sur l'Allemagne nazie; [...]
20 └ La France est donc dans le camp des vainqueurs.

Mais son économie, encore plus durement touchée qu'en 1918, est exsangue.

La vitalité française, terriblement frappée par deux fois en un quart de siècle de distance (1 400 000 morts et autant de blessés et mutilés en 1914–1918, presque la moitié de ce chiffre en 1939–1945), paraît peu capable d'effacer, avant longtemps, les traces de pareils
25 └ malheurs.

1940–1944: La France éclatée

En France, le gouvernement signataire de l'armistice avec l'Allemagne et l'Italie temporairement victorieuses, s'installe à Vichy, avec, à sa tête, le maréchal Pétain proclamé «chef de l'État». La République a été abolie, et un «État français» lui a été substitué. À Londres,
30 └ d'où il dirige la «France libre», le général de Gaulle appelle à la résistance au «régime de Vichy», accusé de faire le jeu de l'ennemi. Très faible au départ, de Gaulle voit sa crédibilité devenir considérable avec les victoires qui permettent aux Alliés de libérer l'Empire colonial, prélude à la libération de la France continentale. Quatre ans après le désastre de 1940, le 26 août 1944, de Gaulle défile sur les Champs Élysées.

J. Mathiex, *Histoire de France*, Hachette, 1996, pp. 101–103

∟ **5 les forces blindées:** *p. ex.* les chars, les tanks ∟ **10 contesté/e:** controversé/e ∟ **15 un débarquement:** une opération militaire consistant à amener à terre un corps expéditionnaire ∟ **18 le maquis:** une organisation de résistance armée ∟ **21 exsangue** *fig.:* vidé de sa substance, de sa force ∟ **33 le prélude** *fig.:* ce qui constitue le début de

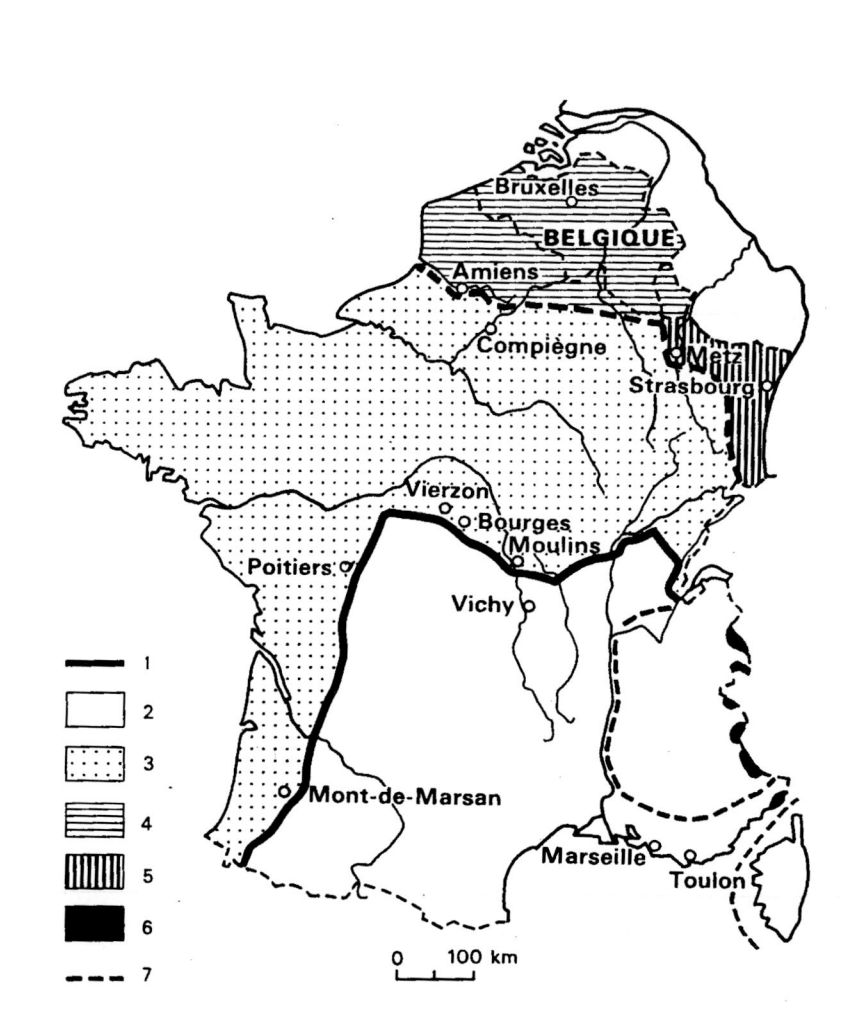

LA FRANCE OCCUPEE 1940-1944

1. Ligne de démarcation. — 2. Zone libre jusqu'en novembre 1942. — 3. Zone d'occupation allemande. — 4. Zone rattachée à l'administration allemande de Bruxelles. — 5. Alsace-Lorraine annexée par l'Allemagne. — 6. Zone d'occupation italienne. — 7. Limite de l'occupation italienne à partir du 11 novembre 1942.

4 ▪ La grande peur et l'exode

La déroute de l'armée française et la dislocation de l'État – le 10 juin 1940, le gouvernement quitte Paris pour être transféré à Bordeaux – jettent une foule immense sur les routes de France. Ce sont les populations du Nord qui, mêlées à des Belges, fuient l'avance allemande vers le Sud pour éviter les zones de combat. Le nombre de ces réfugiés désorientés et paniqués dont la migra-
5 └ *tion forcée et complètement improvisée a lieu dans des conditions dramatiques, a été évalué à «au moins 6 millions et plus vraisemblablement 8 millions» (J.-P. Azéma) d'individus.*
L'historien Henri Amouroux évoque cette période douloureuse dans son livre «La vie des Français sous l'occupation».

Pendant un mois, la moitié de la France se vide d'hommes. Il y a eu les Belges et les
10 └ Hollandais que l'on regardait avec pitié mais sans se croire directement intéressé. Puis les gens du Pas-de-Calais, du Nord, de la Somme. Ceux de l'Aisne, de la Marne. Ceux des Ardennes, qui sont partis des premiers avec leurs lourds chariots, sur lesquels sont assis les femmes âgées et les infirmes, sur lesquels sont entassés les sacs d'avoine pour les bêtes, tandis que les hommes, montés sur des bicyclettes, vont et viennent, recherchent
15 └ des cantonnements, des vivres, de l'eau.
À chaque arrêt, il faut descendre les vieillards du chariot, puis les remonter. Certains, ne comprenant rien à cette guerre, parlent sans cesse de retourner chez eux et cherchent à s'enfuir.
Longues journées sous le soleil, sous la menace des avions.
20 └ Les paysans songent au bétail qu'ils ont dû abandonner dans les champs.
«Les vaches, ce qu'elles doivent souffrir!»
Songent aux champs non moissonnés, s'inquiètent de la santé des poulains qui les accompagnent dans leur marche, des maisons ouvertes.
«Je leur ai dit, à nos soldats, de tout manger et de bien boire, mais les Boches qu'est-ce
25 └ qu'ils vont faire chez nous!»
À chaque heure nouvelle, l'ange de l'exode touchait ainsi du doigt un village nouveau. Après avoir contemplé le long et pittoresque et pitoyable cortège des fuyards, les village-ois venaient s'y intégrer docilement. L'exode les aspirait. [...]
Le 11 juin, dans la nuit, le gouvernement, à la demande du général Weygand, qui veut
30 └ épargner à la ville d'inutiles destructions et des combats qui ne changeraient rien au sort de la guerre, déclare Paris ville ouverte.
L'annonce de cette décision provoque un dernier départ de réfugiés. [...]
Des milliers de Parisiens assiègent la gare d'Austerlitz, refluent jusque dans le métro où ils couchent, dans l'espoir de trouver, à l'aube, une place vers le Sud dans un wagon de
35 └ marchandises.
Dans les rues qu'emprunte l'exode, les convois laissent leur signature: meubles brisés, papiers gras, paille, valises ouvertes, parapluies, vêtements perdus, pneus éclatés.
Des femmes se précipitent dans les dernières pharmacies ouvertes pour faire piquer les bêtes familières qu'elles ne se résignent ni à abandonner ni à entraîner à l'aventure.
40 └ Paris achève son déménagement dans le grand vent des bobards.
«Vous ne partez pas, vous avez tort. La Préfecture évacuera de force, rue après rue, tous ceux qui sont restés.

– Vous ne partez pas? Les Allemands vont déporter tous les hommes. Ce sera terrible. Ils brûleront la plante des pieds de ceux qu'ils prendront vivants.

45 └ – Vous ne partez pas? Weygand a rassemblé une armée formidable derrière la Loire. La guerre va durer longtemps, le pays sera coupé en deux, comme en 1914.

– Pourquoi partez-vous? Nous avons, grâce à des concentrations d'artillerie, détruit 1 000 chars en trois jours. Les États-Unis vont déclarer la guerre à l'Allemagne. Tout finira comme en 1914.

50 └ Dans les ambulances qui sortent d'usine, des ouvriers de chez Renault entassent leurs gosses.

À la porte d'Italie, des familles de piétons font de l'auto-stop, se séparent avec déchirement, se donnent des rendez-vous que le hasard et parfois la mort se chargeront d'annuler.

Henri Amouroux, La Vie des Français sous l'occupation – Tome 1: les années grises,
Librairie Arthème Fayard, 1961, pp. 17–20

└ **1 la déroute**: la fuite désordonnée de troupes └ **1 la dislocation** *fig.*: la dissolution └ **4 la migration**: l'exode └ **10 intéressé/e**: concerné/e └ **12 le chariot**: la voiture en bois à quatre roues └ **13 le sac d'avoine**: Hafersack └ **15 le cantonnement**: le bivouac, le logement └ **15 les vivres** *m.*: les aliments, la nourriture └ **20 songer à**: penser à └ **20 le bétail**: les animaux, les bêtes └ **22 moissonner qc**: couper et récolter qc └ **22 le poulain**: le petit du cheval └ **26 l'ange** *m.* **de l'exode** *m.*: allusion à la fuite des Israélites de l'Égypte (cf. Ancien Testament, Exode 12, 21–28) └ **27 pitoyable** misérable └ **27 le cortège**: le défilé └ **27 le fuyard**: la personne, le soldat qui fuit devant l'ennemi └ **28 docilement**: de manière disciplinée └ **30 épargner qc**: *ici* éviter qc └ **33 assiéger qc**: entourer et essayer de pénétrer dans └ **33 refluer**: reculer de, se retirer de └ **38 faire piquer qn**: faire faire une piqûre entraînant la mort rapide et douce └ **40 le bobard** *fam.*: Falschmeldung └ **44 la plante des pieds**: la face inférieure des pieds

AUTOUR DU TEXTE

1 Quelles formes de souffrance humaine Amouroux évoque-t-il dans son récit?

2 Qu'est-ce qui vous émeut le plus dans le tableau que l'auteur brosse de ce que la voix populaire a appelé d'emblée «l'exode»?

3 Quel état d'esprit règne parmi les villageois qui se joignent au flot des fuyards?

4 Quelle image ce texte donne-t-il de l'action gouvernementale au cours de ces événements dramatiques?

5 Ce gigantesque mouvement de panique qui touchait tout un peuple était le résultat d'une contagion irrésistible mais explicable aux dires des historiens.
Quelles explications H. Amouroux fournit-il de ce phénomène étonnant dans son texte?

L'historien René Rémond écrit à propos de l'exode: «Le désarroi de ces foules pitoyables, de ces familles séparées, a laissé dans la mémoire collective une meurtrissure ineffaçable, aussi profonde que la débâcle des armées.»
Discutez ce constat. Voici quelques points que vous pourriez soulever dans votre discussion:
Quelles traces ces événements ont-ils laissées dans l'imaginaire collectif de la population et de la classe politique? Comment le souvenir du désastre militaire a-t-il pu influer sur la politique française d'après-guerre, sur le plan militaire et à l'égard de l'Allemagne?

Pendant la déroute de l'armée française et l'exode qui s'ensuivit, cette affiche de propagande de l'armée allemande visait à regagner la confiance des Français en 1940.

5 ■ 1940 – L'appel du 18 juin

Le 17 juin 1940, le sous-secrétaire d'État à la guerre, Charles de Gaulle (1890–1970) arrive à Londres. Décidé à poursuivre la lutte alors que Philippe Pétain a demandé le 17 juin aux Français de cesser le combat, il lance le 18 juin son premier appel radiodiffusé invitant à la résistance. Cet appel marque la naissance de la «France libre».

5 └ Les chefs qui, depuis de nombreuses années, sont à la tête des armées françaises ont formé un gouvernement.

Ce gouvernement, alléguant la défaite de nos armées, s'est mis en rapport avec l'en-
10 └ nemi pour cesser le combat.

Certes, nous avons été, nous sommes, submergés par la force mécanique, terrestre et aérienne, de l'ennemi.

Infiniment plus que leur nombre, ce sont
15 └ les chars, les avions, la tactique des Allemands qui nous font reculer. Ce sont les chars, les avions, la tactique des Allemands qui ont surpris nos chefs au point de les amener là où ils en sont aujourd'hui.

20 └ Mais le dernier mot est-il dit? L'espérance doit-elle disparaître? La défaite est-elle définitive? Non! Croyez-moi, moi qui vous parle en connaissance de cause et vous dis que rien n'est perdu pour la France. Les
25 └ mêmes moyens qui nous ont vaincus peuvent faire venir un jour la victoire.

Car la France n'est pas seule! Elle n'est pas seule! Elle n'est pas seule! Elle a un vaste Empire derrière elle. Elle peut faire bloc avec l'Empire britannique qui tient la mer et continue la lutte. Elle peut, comme l'Angleterre, utiliser sans limites l'immense industrie des
30 └ États-Unis.

Cette guerre n'est pas limitée au territoire malheureux de notre pays. Cette guerre n'est pas tranchée par la bataille de France. Cette guerre est une guerre mondiale. Toutes les fautes, tous les retards, toutes les souffrances, n'empêchent pas qu'il y a, dans l'univers, tous les moyens pour écraser un jour nos ennemis. Foudroyés aujourd'hui par la force
35 └ mécanique, nous pourrons vaincre dans l'avenir par une force mécanique supérieure. Le destin du monde est là.

Moi, Général de Gaulle, actuellement à Londres, j'invite les officiers et les soldats français qui se trouvent en territoire britannique ou qui viendraient à s'y trouver, avec leurs armes ou sans leurs armes, j'invite les ingénieurs et les ouvriers spécialistes des industries d'ar-
40 └ mement qui se trouvent en territoire britannique ou qui viendraient à s'y trouver, à se mettre en rapport avec moi.

Quoi qu'il arrive, la flamme de la résistance française ne doit pas s'éteindre et ne s'éteindra pas.

Demain, comme aujourd'hui, je parlerai à la radio de Londres.

O. Wieviorka et C. Prochasson, La France du XXᵉ siècle, Documents d'histoire, Seuil histoire, 1994, pp. 369–370

∟ **8 alléguer qc:** prétexter qc ∟ **12 submergé/e:** complètement envahi/e ∟ **15 le char:** Panzer ∟ **28 tenir la mer:** Seehoheit ausüben ∟ **32 trancher qc:** *ici* décider qc ∟ **34 foudroyé/e:** anéanti/e avec soudaineté et violence ∟ **38 qui viendraient à s'y trouver:** qui s'y trouveraient par hasard

AUTOUR DU TEXTE

Voir questions page 16.

6 ∎ L'armistice

Discours du maréchal Pétain, prononcé le 20 juin 1940 qui annonce la signature de l'armistice.

Français! J'ai demandé à nos adversaires de mettre fin aux hostilités. J'ai pris cette décision, dure au cœur d'un soldat, parce
5 ∟ que la situation militaire l'imposait. Nous espérions résister sur la ligne de la Somme et de l'Aisne. La ligne a cédé à la pression ennemie et a contraint nos troupes à la retraite ...
10 ∟ Nous tirerons la leçon des batailles perdues. Depuis la victoire (de 1918), l'esprit de jouissance l'a emporté sur l'esprit de sacrifice. On a revendiqué plus qu'on a servi. On a voulu épargner l'effort, on ren-
15 ∟ contre aujourd'hui le malheur.

J'ai été avec vous dans les jours glorieux. Chef du gouvernement, je suis et resterai avec vous dans les jours sombres. Soyez à mes côtés. Le combat reste le même. Il s'a-
20 ∟ git de la France, de son sol, de ses fils.

Histoire, Première STT, Bouillon–Corre, Dunod–Bordas, nouveau tirage actualisé 1993, p. 146

∟ **1 l'armistice** *m.:* une convention conclue entre les ennemis pour arrêter les hostilités. En général, l'armistice précède la conclusion d'une paix définitive.

Cherchez dans un dictionnaire des noms propres, par exemple Le Robert 2, des informations sur les carrières militaire et politique de Philippe Pétain et de Charles de Gaulle.

AUTOUR DES TEXTES

1   a) Comment le maréchal Pétain justifie-t-il la décision prise par son gouvernement de déposer les armes et de signer l'armistice?
    b) Quelle explication fournit-il de la défaite de l'armée française?
    c) Quel message d'espérance délivre-t-il à ses compatriotes en conclusion de son discours?

2   Quels reproches le général de Gaulle fait-il au haut commandement et au gouvernement français dans son discours?

3   En refusant d'admettre la défaite définitive de son pays dans cette guerre, de Gaulle se démarque totalement du maréchal Pétain et de la majorité des Français. Quels arguments apporte-t-il à l'appui de sa thèse? Discutez la pertinence de son raisonnement.

4   Commentez la phrase «Le destin du monde est là.»

5   En procédant à une analyse comparée des deux allocutions, vous tenterez d'en dégager les divergences de vue fondamentales.

7 ■ Bleu-blanc-rouge: verboten!

Ni défilé, ni drapeaux, ni bal populaire à Rennes en ce mardi 14 juillet 1941, qui ressemble à n'importe quel autre jour. Tout ce qui pourrait évoquer la fête nationale est, par ordre de l'occupant, strictement interdit. «Streng verboten!»

Tailleur bleu roi en fibranne, corsage blanc, sac à main en paille rouge assorti à ses chaus-
5 └ sures de toile à semelles compensées, Suzanne Keller est attablée au café de la Paix en compagnie de son ami. Parmi les consommateurs, beaucoup d'officiers allemands, venus écouter l'orchestre féminin qui joue des valses de Strauss. Soudain, l'un d'eux se lève et s'incline devant Suzanne Keller dans un claquement de talons très prussien:
– Madame, vos papiers, je vous prie.
10 └ – Mais ...
– Bitte. S'il vous plaît.

L'ami de Suzanne – un Lorrain – tente de s'interposer en allemand. L'officier ne fait pas partie de la Feldgendarmerie, dit-il, et n'a donc aucun droit d'intervenir dans un lieu public.
15 └ – C'est à Madame que je m'adresse. Alors, pas de scandale, je vous prie. C'est, comment dites-vous, «préférable» pour elle. Et pour vous.
Il examine longuement la carte d'identité que lui tend Suzanne, avant de la ranger dans une poche de sa veste:

– Vous viendrez la rechercher demain matin à 9 h à la Kommandantur, bureau 14. Dans
20 └ la même tenue.

Nouveau claquement de talons, et il retourne s'asseoir.

Suzanne Keller vient brusquement de réaliser qu'elle s'est mise, même involontairement, dans un très mauvais cas. Car si sa tenue associe les trois couleurs par pure coïncidence, elle n'en sait pas moins que, depuis une semaine, la radio de Londres a exhorté
25 └ les patriotes à célébrer la fête nationale dans toute la mesure de leurs possibilités. Et
qu'elle va avoir bien du mal à se disculper.

– Gnädige Frau, setzen Sie sich, Bitte.

L'homme, un civil d'un cinquantaine d'années, vêtu avec élégance, dévisage Suzanne
Keller tout en lui désignant un siège.
30 └ – Excusez-moi, mais je ne comprends pas l'allemand.

– Bitte ...

– Désolée, je vous répète que ...

L'homme a sorti d'un tiroir la carte d'identité de Suzanne:

– Allons, Madame! Vous vous appelez Keller, née Weinberg, vous avez répondu hier dans
35 └ un très bon allemand à l'officier qui vous interpellait, et ce matin vous voudriez me faire
croire que vous ne connaissez pas notre langue?

Lui, en tout cas, connaît parfaitement la nôtre. À peine si l'on décèle une très légère pointe
d'accent. Suzanne rectifie: ce n'est pas elle qui s'est adressée à l'officier, mais son ami.
Quant au reste, c'est très simple: veuve d'un Alsacien, elle est elle-même d'origine alsa-
40 └ cienne. Ses grands-parents ont quitté la région en 1871, au moment de l'annexion, et sont
venus s'installer à Paris où ses parents sont nés, tout comme elle. Ce qui fait qu'on ne
parle plus allemand dans la famille depuis deux générations.

L'homme a un petit sourire ironique:

– Je vois: des Alsaciens cocardiers et revanchards, du genre «Vous n'aurez pas l'Alsace et
45 └ la Lorraine» et autres fadaises! À qui tout est bon pour nous manifester leur hostilité, y
compris les moyens les plus dérisoires, comme ce déguisement dont vous avez cru bon
de vous affubler à l'instigation des soi-disant Français libres du pseudo général de Gaulle.

– Vous faites erreur. Je vous assure ...

– N'assurez rien, Madame. Je sais fort bien de quoi je parle. Écoutez-moi plutôt.
50 └ Suzanne Keller a alors droit à une longue tirade sur «l'indispensable amitié franco-ger-
manique, seule garante du nouvel ordre européen menacé par les ploutocrates judéo-
marxistes et la clique des militaires félons réfugiés à Londres».

– Cela dit, je vais vous prouver que nous ne sommes pas les barbares que se plaisent à
décrire vos amis dans leurs déclarations mensongères: vous êtes libre. Un bon conseil,
55 └ cependant: à l'avenir, tâchez de faire preuve de plus de discernement et ... d'un meilleur
goût vestimentaire. Faute de quoi vous vous exposeriez à de très vifs désagréments.

En redescendant l'escalier de la Kommandantur, Suzanne Keller se dit qu'elle vient
d'avoir beaucoup de chance. Et, aussi qu'il est une évidence à laquelle il faut bien se rendre: par les temps qui courent, la mode est décidément plutôt au vert-de-gris qu'au trico-
60 └ lore.

Roger Knecht, Les années 40. La vie quotidienne de 1940–1949, I – Le pain noir, Editmar-Ouest Plus, p. 36

∟ **4 le tailleur**: le costume féminin ∟ **4 la fibranne**: Kunst-, Zellwolle ∟ **4 le corsage**: le chemisier ∟ **4 la paille**: Stroh ∟ **4 assorti/e**: qui va bien avec autre chose ∟ **5 la semelle compensée**: la semelle qui fait corps avec le talon ∟ **12 s'interposer**: intervenir ∟ **20 la tenue**: la manière dont une personne est habillée ∟ **24 exhorter qn à qc**: encourager qn à qc, inciter qn à qc ∟ **26 se disculper de qc**: se justifier ∟ **28 dévisager qn**: regarder qn avec attention ∟ **35 interpeller qn**: questionner qn sur son identité ∟ **37 à peine**: presque pas ∟ **37 déceler qc**: découvrir ∟ **44 cocardier/-ière**: chauvin/e ∟ **45 la fadaise**: la plaisanterie fade et plate ∟ **46 dérisoire**: ridicule ∟ **47 s'affubler**: s'habiller ridiculement ∟ **47 à l'instigation de**: sur les conseils de ∟ **47 soi-disant**: qui prétend être ∟ **50 la tirade**: le monologue ∟ **51 le ploutocrate**: un personnage très riche qui exerce par son argent une influence politique ∟ **52 félon/ne**: déloyal/e, hypocrite ∟ **55 le discernement**: le bon sens, la prudence ∟ **56 vestimentaire**: qui a rapport aux vêtements ∟ **56 faute de quoi**: autrement, sinon ∟ **56 le désagrément**: la difficulté, le souci ∟ **59 vert-de-gris**: d'un vert grisâtre

AUTOUR DU TEXTE

1   Pourquoi l'officier allemand interpelle et convoque-t-il Suzanne Keller à la Kommandantur?

2   Comment l'Allemand se comporte-t-il à l'égard de Madame Keller? Qu'est-ce qui fait de lui un représentant type de la caste militaire?

3   Montrez que Suzanne Keller a tout lieu d'être inquiète.

4   Analyse de l'interrogatoire que la Française subit à la Kommandantur:
a) Quelles accusations l'Allemand porte-t-il contre les Alsaciens et les Français libres du général de Gaulle?
b) Quelle valeur symbolique prête-t-il à la tenue vestimentaire de Suzanne Keller? Pourquoi le port de ces couleurs est-il ressenti comme une provocation par les forces d'occupation?
c) Quel conseil l'Allemand qui conduit l'interrogatoire donne-t-il à la Française avant de la laisser repartir? Pourquoi?

AU-DELÀ DU TEXTE

1   Que représente le 14 juillet pour la nation et les citoyens français?

2   Pourquoi les autorités allemandes interdisent-elles la célébration de cette fête à Rennes à votre avis? Comment jugez-vous cette mesure?

3   Les Français qui ont vécu l'occupation ont remarqué et apprécié le comportement en général «correct» des soldats allemands. L'attitude que les autorités allemandes adoptent à l'égard de Suzanne Keller vous paraît-elle être «correcte»?

4   Commentez la conclusion de l'article.

8 ▪ Joseph Joffo: Un sac de billes

En 1942, les autorités allemandes ordonnent aux Juifs français de plus de 6 ans de coudre soli-
dement une étoile juive sur leur vêtement. Cette ordonnance infamante vise d'abord à la ségré-
gation de la communauté juive et prépare finalement la voie à son extermination.

– À ton tour, Jo.

5 └ Je m'approche mon veston à la main. Il est huit heures et c'est encore la nuit complète
dehors. Maman est assise sur la chaise derrière la table. Elle a un dé, du fil noir et ses
mains tremblent. Elle sourit avec les lèvres seulement.

Je me retourne. Sous l'abat-jour de la lampe, Maurice est immobile. Du plat de la paume
il lisse sur son revers gauche l'étoile jaune cousue à gros points:

10 └ JUIF

Maurice me regarde.

– Pleure pas, tu vas l'avoir aussi ta médaille.

Bien sûr que je vais l'avoir, tout le quartier va l'avoir. Ce matin lorsque les gens sortiront
ce sera le printemps en plein hiver, une floraison spontanée: chacun son gros coucou

15 └ étalé à la boutonnière.

Quand on a ça, il n'y a plus grand-chose que l'on peut faire: on n'entre plus dans les ciné-
mas, ni dans les trains, peut-être qu'on n'aura plus le droit de jouer aux billes non plus,
peut-être aussi qu'on n'aura plus le droit d'aller à l'école. Ça serait pas mal comme loi
raciale, ça.

20 └ Maman tire sur le fil. Un coup de dents au ras du tissu et ça y est, me voilà estampillé; des
deux doigts de la main qui vient de coudre, elle donne une petite tape sur l'étoile comme
une couturière de grande maison qui termine un point difficile. Ça a été plus fort qu'elle.
Papa ouvre la porte comme j'enfile ma veste. Il vient de se raser, il y a l'odeur du savon et
de l'alcool qui est entrée avec lui. Il regarde les étoiles puis sa femme.

25 └ – Eh bien, voilà, dit-il, voilà, voilà ...

J'ai ramassé mon cartable, j'embrasse maman. Papa m'arrête.

– Et maintenant tu sais ce qui te reste à faire?

– Non.

– À être le premier à l'école. Tu sais pourquoi?

30 └ – Oui, répond Maurice, pour faire chier Hitler.

Papa rit.

– Si tu veux, dit-il, c'est un peu ça.

Joseph Joffo, Un sac de billes, Éditions Jean-Claude Lattès, 1973, pp. 29–31

└ **6 le dé (à coudre)**: Fingerhut └ **8 un abat-jour**: Lampenschirm └ **8 la paume**: l'intérieur de la main └ **9 lisser
qc**: etw. glatt streichen └ **9 à gros points**: mit groben Stichen └ **15 la boutonnière**: Knopfloch └ **20 au ras du tissu**:
tout près de l'étoffe └ **20 estampiller qc**: abstempeln └ **21 la tape**: un coup donné avec le plat de la main
└ **23 enfiler qc**: mettre qc └ **26 le cartable**: la serviette de l'élève └ **30 faire chier qn** *vulg.*: embêter qn

1 Comment les Joffo vivent-ils ces moments pénibles? Commentez les réactions et le comportement des deux garçons et de leurs parents.

2 C'est une scène empreinte d'humour noir. Donnez-en des exemples et commentez-les.

3 Discutez les terribles conséquences des lois raciales et du marquage infamant pour Joseph et toute la communauté juive.

4 Pourquoi le père de Joseph désire-t-il que son fils soit «le premier à l'école» à votre avis?

9 ■ Patrick Modiano: Dora Bruder

Dora Bruder est l'histoire véridique d'une adolescente juive du même nom. En 1942, Dora fut enfermée à la prison des Tourelles avant d'être internée au camp de Drancy et déportée finalement à Auschwitz. Elle a disparue dans l'holocauste.

Parmi les femmes que Dora a pu connaître aux Tourelles se trouvaient celles que les
5 └ Allemands appelaient «amies des juifs»: une dizaine de Françaises «aryennes» qui eurent le courage, en juin, le premier jour où les juifs devaient porter l'étoile jaune, de la porter elles aussi en signe de solidarité, mais de manière fantaisiste et insolente pour les autorités d'occupation. L'une avait attaché une étoile au cou de son chien. Une autre y avait brodé: PAPOU. Une autre: JENNY. Une autre avait accroché huit étoiles à sa cein-
10 └ ture et sur chacune figurait une lettre de VICTOIRE. Toutes furent appréhendées dans la rue et conduites au commissariat le plus proche. Puis au dépôt de la Préfecture de police. Puis aux Tourelles. Puis, le 13 août, au camp de Drancy. Ces «amies des juifs» exerçaient les professions suivantes: dactylos. Papetière. Marchande de journaux. Femme de ménage. Employée des PTT. Étudiantes. [...]

15 └ Le soir du 12 août, le bruit se répandit aux Tourelles que toutes les juives et celles que l'on appelait les «amies des juifs» devaient partir le lendemain pour le camp de Drancy.
Le 13 au matin, à dix heures, l'appel interminable commença dans la cour de la caserne, sous les marronniers. On déjeuna une dernière fois sous les marronniers. Une ration misérable qui vous laissait affamée.
20 └ Les autobus arrivèrent. Il y en avait – paraît-il – en quantité suffisante pour que chacune des prisonnières eût sa place assise. Dora comme toutes les autres. C'était un jeudi, le jour des visites. [...]

À Drancy, dans la cohue, Dora retrouva son père, interné là depuis mars. En ce mois d'août, comme aux Tourelles, comme au dépôt de la Préfecture de police, le camp se rem-
25 └ plissait chaque jour d'un flot de plus en plus nombreux d'hommes et de femmes. Les uns arrivaient de zone libre par milliers dans les trains de marchandises. Des centaines et des centaines de femmes, que l'on avait séparées de leurs enfants, venaient des camps de Pithiviers et de Beaune-la-Rolande. Et quatre mille enfants arrivèrent à leur tour, le 15 août,

après qu'on eut déporté leurs mères. Les noms de beaucoup d'entre eux, qui avaient été
30 ∟ écrits à la hâte sur leurs vêtements, au départ de Pithiviers et de Beaune-la-Rolande,
n'étaient plus lisibles. Enfant sans identité n°122. Enfant sans identité n°146. Petite fille
âgée de trois ans. Prénommée Monique. Sans identité.

Patrick Modiano, Dora Bruder, Gallimard, 1997, pp. 142–145

∟ **5 aryen/ne:** arisch ∟ **7 insolent/e:** sans respect, impertinent ∟ **10 appréhender qn:** arrêter qn ∟ **13 la dactylo:** la secrétaire ∟ **13 le/la papetier/-ière:** une personne qui fabrique, vend du papier ∟ **18 le marronnier:** Kastanienbaum ∟ **19 affamé/e:** qui souffre de la faim ∟ **23 la cohue:** la foule, la bousculade

AUTOUR DU TEXTE

1 Pour quel motif les «amies des juifs» ont-elles été emprisonnées aux Tourelles?
Leur acte avait-il un sens? Justifiez votre opinion.

2 Pourquoi les autorités d'occupation ont-elles puni ces femmes avec cette extrême
sévérité?

3 À quelles couches sociales appartenaient ces femmes courageuses?

4 Montrez que la souffrance des personnes internées, enfants et adultes, fut sans bornes
et dépasse l'entendement.

5 Étudiez l'art du narrateur. Par quels moyens stylistiques Patrick Modiano parvient-il à
dépeindre cet enfer avec une grande justesse de ton?

Pour en savoir plus

10 ■ La Résistance

La Résistance est, pour la plupart des Français, une résistance passive: lecture de tracts, écoute sur Radio-Londres, malgré le brouillage ou les sanctions, d'émissions comme «Les Français parlent aux Français» et des chansons satiriques animées par Pierre Dac. Jusqu'en 1943, les résistants sont peu nombreux. Ils organisent attentats et sabotages, ce
5 └ qui permet aux Allemands de les assimiler à des «terroristes». À partir de 1943, l'aggravation de l'occupation, le refus des jeunes de rejoindre le S.T.O., gonflent le maquis, installés dans les régions d'accès difficile, Massif central, Alpes, Pyrénées, Bretagne. Contre les résistants, la Gestapo, aidée de la Milice de Darnand, multiplie les arrestations, les tortures, les exécutions d'otages, les déportations. En 1944, les Allemands doivent enga-
10 └ ger contre le maquis de véritables opérations militaires (plateau de Glières, Vercors, Limousin).

Les Français abandonnent alors le régime de Vichy, qui cautionne ces excès et, de plus en plus hostiles aux occupants, sont prêts à applaudir à la libération du territoire.

Histoire, Première STT, Bouillon-Corre, p. 152

└ **1 le tract**: une petite feuille de propagande └ **2 le brouillage**: Störung des Empfangs durch Feindsender └ **6 le S.T.O.**: le service du travail obligatoire └ **10 le maquis**: un lieu peu accessible où se regroupaient les résistants; une organisation de résistance armée └ **12 cautionner qc**: soutenir qc

11 ■ Jorge Semprun: L'écriture ou la vie

L'Allemand était jeune, il était grand, il était blond. Il était tout à fait conforme à l'idée de l'Allemand: un Allemand idéal, en somme. C'était un an et demi auparavant, en 1943. C'était en automne, du côté de Semur-en-Auxois. À un coude de la rivière, il y avait une sorte de barrage naturel qui retenait l'eau. La surface en était à cet endroit quasiment
5 └ immobile: miroir liquide sous le soleil de l'automne. L'ombre des arbres bougeait sur ce miroir d'étain translucide.

L'Allemand était apparu sur la crête du rivage, à motocyclette. Le moteur de son engin ronronnait doucement. Il s'était engagé sur le sentier qui descendait vers le plan d'eau. Nous l'attendions, Julien et moi.

10 └ C'est-à-dire, nous n'attendions pas cet Allemand-là précisément. Ce gamin blond aux yeux bleus. (Attention: je fabule. Je n'ai pas pu voir la couleur de ses yeux à ce moment-là. Plus tard seulement, lorsqu'il fut mort. Mais il m'avait tout l'air d'avoir des yeux bleus.) Nous attendions un Allemand, des Allemands. N'importe lesquels. Nous savions que les soldats de la Wehrmacht avaient pris l'habitude de venir en groupe, vers la fin de l'après-
15 └ midi, se rafraîchir à cet endroit. Nous étions venus, Julien et moi, étudier le terrain, voir s'il serait possible de monter une embuscade avec l'aide des maquis des environs.

Mais cet Allemand semblait être seul. Aucune autre motocyclette, aucun autre véhicule n'était apparu à sa suite sur le chemin de crête. Il faut dire que ce n'était pas non plus l'heure habituelle. C'était vers le milieu de la matinée.

20 └ Il a roulé jusqu'au bord de l'eau, est descendu de son engin, qu'il a calé sur son trépied. Debout, respirant la douceur de la France profonde, il a défait le col de sa vareuse. Il était détendu, visiblement. Mais il était resté sur ses gardes: sa mitraillette lui barrait la poitrine, suspendue à la bretelle qu'il avait passée autour du cou.

Julien et moi nous nous sommes regardés. La même idée nous était venue.

25 └ L'Allemand était seul, nous avions nos Smith and Wesson. La distance qui nous séparait de l'Allemand était bonne, il était tout à fait à portée de nos armes. Il y avait une moto à récupérer, une mitraillette.

Nous étions à l'abri, à l'affût: c'était une cible parfaite. La même idée nous était donc venue, à Julien et à moi.

30 └ Mais soudain, le jeune soldat allemand a levé les yeux au ciel et il a commencé à chanter. Kommt eine weiße Taube zu Dir geflogen ...

Ça m'a fait sursauter, j'ai failli faire du bruit, en cognant le canon du Smith and Wesson contre le rocher qui nous abritait. Julien m'a foudroyé du regard.

Peut-être cette chanson ne lui rappelait rien. Peut-être ne savait-il même pas que c'était
35 └ La Paloma. Même s'il le savait, peut-être que La Paloma ne lui rappelait rien. L'enfance, les bonnes qui chantent à l'office, les musiques des kiosques à musique, dans les squares ombragés des villégiatures, La Paloma! Comment n'aurais-je pas sursauté en entendant cette chanson?

L'Allemand continuait de chanter, d'une belle voix blonde.

40 └ Ma main s'était mise à trembler. Il m'était devenu impossible de tirer sur ce jeune soldat qui chantait La Paloma. Comme si le fait de chanter cette mélodie de mon enfance, cette rengaine pleine de nostalgie, le rendait subitement innocent. Non pas personnellement innocent, il l'était peut-être, de toute façon, même s'il n'avait jamais chanté La Paloma.

Peut-être n'avait-il rien à se reprocher, ce jeune soldat, rien d'autre que d'être né allemand
45 └ à l'époque d'Adolf Hitler. Comme s'il était soudain devenu innocent d'une tout autre
façon. Innocent non seulement d'être né allemand, sous Hitler, de faire partie d'une
armée d'occupation, d'incarner involontairement la force brutale du fascisme. Devenu
essentiellement innocent, donc, dans la plénitude de son existence, parce qu'il chantait
La Paloma. C'était absurde, je le savais bien. Mais j'étais incapable de tirer sur ce jeune
50 └ Allemand qui chantait La Paloma à visage découvert, dans la candeur d'une matinée d'automne, au tréfonds de la douceur profonde d'un paysage de France.
J'ai baissé le long canon du Smith and Wesson, peint en rouge vif au minium antirouille.
Julien m'a vu faire, il a replié le bras, lui aussi.
Il m'observe d'un air inquiet, se demandant sans doute ce qui m'arrive.
55 └ Il m'arrive La Paloma, c'est tout: l'enfance espagnole en plein visage.
Mais le jeune soldat a tourné le dos, il revient à petits pas vers sa moto, immobilisée sur
sa béquille.
Alors, j'empoigne mon arme à deux mains. Je vise le dos de l'Allemand, j'appuie sur la
gâchette du Smith and Wesson. J'entends à mon côté les détonations du revolver de
60 └ Julien, qui a tiré plusieurs fois, lui aussi.
Le soldat allemand fait un saut en avant, comme s'il avait été brutalement poussé dans le
dos. Mais c'est qu'il a effectivement été poussé dans le dos, par l'impact brutal des pro-
jectiles.
Il tombe de tout son long.
65 └ Je m'effondre, le visage dans l'herbe fraîche, je tape du poing rageusement sur le rocher
plat qui nous protégeait.
– Merde, merde, merde!
Je crie de plus en plus fort, Julien s'affole.
Il me secoue, hurle que ce n'est pas le moment de piquer une crise de nerfs: il faut filer.
70 └ Prendre la moto, la mitraillette de l'Allemand, et filer.
Il a raison, il n'y a rien d'autre à faire.
On se lève, on traverse en courant la rivière, sur des rochers qui forment une sorte de barrage naturel. Julien prend la mitraillette du mort, après avoir retourné son corps. Et c'est
vrai qu'il a des yeux bleus, écarquillés par l'étonnement.
75 └ Nous filons sur la motocyclette, qui démarre au quart de tour.

J. Semprun, L'écriture ou la vie, Gallimard, 1994, pp. 41–44

└ **3 le coude d'une rivière:** le méandre, le tournant └ **4 le barrage:** la barrière, la digue └ **6 le miroir d'étain trans-**
lucide: silbern schimmernder Spiegel └ **7 la crête du rivage:** Uferböschung └ **8 le plan d'eau:** le petit lac
└ **11 fabuler:** inventer qc └ **16 monter une embuscade:** se cacher pour attaquer l'ennemi └ **20 caler sur le**
trépied: auf den Ständer stellen └ **21 la vareuse:** la veste d'uniforme └ **22 la mitraillette:** une arme à tir automa-
tique portative └ **23 la bretelle:** la bande de cuir └ **26 à portée de:** in Reichweite von └ **27 récupérer qc:** rentrer en
possession de qc pour l'utiliser └ **28 être à l'affût:** auflauern └ **28 la cible:** le but que l'on vise ou sur lequel on tire
└ **32 sursauter:** avoir un mouvement brusque └ **32 cogner:** heurter └ **32 le canon:** Lauf einer Feuerwaffe └ **37 la**
villégiature: Sommerfrische └ **42 la rengaine:** le refrain banal └ **50 à visage découvert:** sans masque └ **50 la can-**
deur: l'innocence, la pureté └ **51 le tréfonds** *litt.*: ce qu'il y a de plus profond, de plus secret └ **52 le minium:**
la peinture qui préserve le fer de la rouille, Mennige └ **57 la béquille:** *ici* Motorradständer └ **58 empoigner qc:** sai
sir qc └ **59 la gâchette:** Abzug └ **68 s'affoler:** perdre la tête └ **69 piquer une crise:** se mettre en colère └ **69 filer:**
s'enfuir └ **74 écarquiller les yeux:** ouvrir les yeux démesurément └ **75 démarrer au quart de tour:** sofort anspring-
gen

1   Montrez que l'occasion est favorable pour tuer le soldat allemand.
2   Pourquoi les deux jeunes résistants français hésitent-ils avant de tuer finalement le
     soldat allemand?
3   Analysez le style du narrateur dans cet épisode de guerre. Relevez quelques figures rhéto-
     riques et expliquez leur fonction dans le texte.

1   Comment jugez-vous l'acte de résistance des deux maquisards français sur le plan
     moral?
2   Montrez que cet incident est une parfaite illustration de l'horreur et de l'absurdité de la
     guerre.

12 ■ Le massacre d'Oradour-sur-Glane

Le 6 juin 1944, le débarquement allié en Normandie donne le signal de la libération de la France.
Dans les longs et violents combats qui s'ensuivent, la Résistance française intervient massive-
ment. En représailles à ces actions menées par la Résistance, les Allemands commettent d'hor-
ribles massacres dans les villages de Tulle (99 pendus), d'Oradour (642 tués) et de Maillet (124
5 └ *morts).*

Oradour-sur-
Glane

Le spectacle était horrifiant. Au milieu d'un amas de décombres, on voyait émerger des ossements humains calcinés, surtout des os de bassin ... Je vis plusieurs charniers ... Bien que les ossements fussent aux trois quarts consumés, le nombre des victimes paraissait assez élevé ... C'est alors que j'appris que l'on venait de découvrir dans l'église les cadav-res des femmes et des enfants. Il n'est pas de mots pour décrire une pareille abomination. Bien que la charpente supérieure de l'église et le clocher soient entièrement brûlés, les voûtes de la nef avaient résisté à l'incendie. La plupart des corps étaient carbonisés, mais certains quoique cuits au point d'être réduits en cendres avaient conservé figure humaine. Dans la sacristie, deux petits garçons de douze ou treize ans se tenaient enlacés, unis dans un dernier sursaut d'horreur. Dans le confessionnal, un garçonnet était assis, la tête penchée en avant. Dans une voiture d'enfant reposaient les restes d'un bébé de huit ou dix mois ...

Lorsque les Allemands ont pénétré dans Oradour, vers 14 heures, ils ont obligé tous les habitants à sortir de leur demeure et les ont rassemblés sur la place du pays, le Champ de Foire. Un interprète les a alors avisés qu'un commandant allemand, portant beaucoup de décorations, avait été tué à quelques kilomètres d'Oradour, et que les autorités alleman-des savaient qu'il existait un dépôt de munitions dans le village ...

[Les Allemands] firent alors entrer un premier groupe d'hommes dans une grange, puis les mitraillèrent. Ensuite, sur les corps tués ou simplement blessés, ils amassèrent du bois de la paille, du foin et mirent le feu. Ils procédèrent de la même façon pour les aut-res hommes.

Histoire, Première STT, Bouillon–Corre, p. 155

∟ **6 un amas**: un tas ∟ **6 les décombres** *f.*: les ruines ∟ **6 émerger**: apparaître ∟ **7 les ossements** *m.*: Gebeine ∟ **7 calciner**: brûler ∟ **7 le charnier**: le lieu où sont entassés des cadavres ∟ **8 consumé/e**: détruit par le feu ∟ **10 l'abomination** *f.*: l'horreur ∟ **11 la charpente**: Dachgebälk ∟ **11 le clocher**: Glockenturm ∟ **12 la voûte de la nef**: Gewölbe des Kirchenschiffes ∟ **12 carboniser**: brûler complètement ∟ **15 le confessionnal**: Beichtstuhl ∟ **19 la demeure**: le domicile, la maison ∟ **20 aviser qn de qc**: informer qn de qc ∟ **23 la grange**: un bâtiment ser-vant à abriter la récolte

AU-DELÀ DU TEXTE

1 Lors de la cérémonie commémorative qui s'est déroulée dans le village martyr à l'occa-sion du cinquantième anniversaire du massacre, le président Mitterrand a déclaré: «La France se souvient. Le crime d'Oradour ne cessera jamais d'être présent dans nos mémoires.»
   Discutez le bien-fondé de ce refus de l'oubli.

2 Dans le même discours solennel François Mitterrand a appelé la nouvelle génération «à bâtir un monde où les Oradour ne seront plus possibles».
   Que vous inspire cet appel du chef de l'État français? S'agit-il là seulement d'un vœu pieux ou croyez-vous que la jeunesse dont vous faites partie soit vraiment capable et désireuse de bâtir ce monde meilleur?

DE LA CONFRONTATION À LA RÉCONCILIATION

Pour en savoir plus

13 ▪ De l'hostilité à la coopération

Les dix-huit années qui séparent la capitulation du IIIe Reich (8 mai 1945) et la signature du Traité sur la coopération franco-allemande (22 janvier 1963) peuvent être divisées en quatre périodes. De 1945 à 1947, la France poursuit une politique très dure à l'égard de l'Allemagne; de 1947 à 1949, elle est contrainte de renoncer au démembrement de l'Alle-
5 └ magne et accepte le principe de la création d'un État ouest-allemand; la déclaration de Robert Schuman, du 9 mai 1950, marque le véritable début de la coopération franco-allemande dans le cadre européen, sans que la méfiance disparaisse totalement; en revenant au pouvoir, en mai 1958, le général de Gaulle trouve une situation franco-allemande largement normalisée, mais il va donner une nouvelle impulsion à cette coopération qui
10 └ prend un tour solennel avec le traité de 1963.

Henri Ménudier, L'OFAJ, Armand Colin, 1988, p. 35

└ **4 le démembrement:** le morcellement, la division

14 ■ Le baromètre des relations franco-allemandes

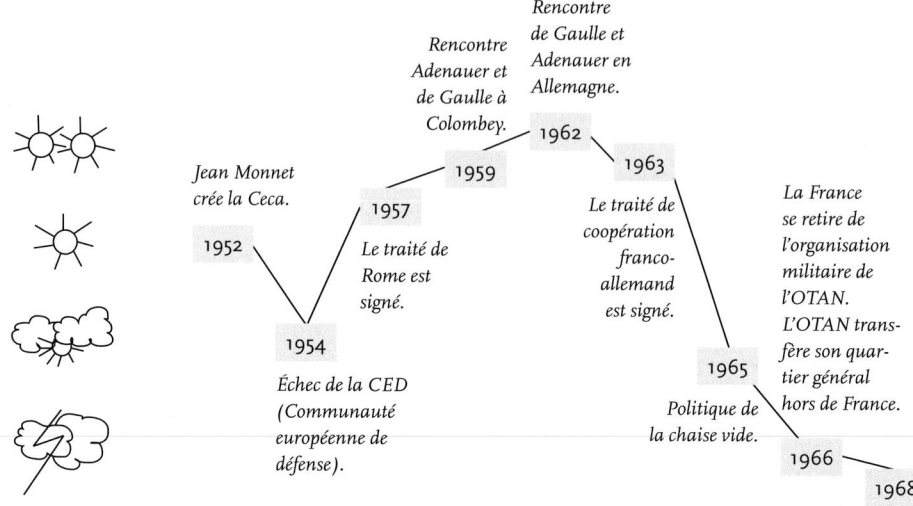

Rencontre Adenauer et de Gaulle à Colombey.

Rencontre de Gaulle et Adenauer en Allemagne.

1959

1962

1963

Jean Monnet crée la Ceca.

1957

1952

Le traité de Rome est signé.

Le traité de coopération franco-allemand est signé.

La France se retire de l'organisation militaire de l'OTAN. L'OTAN transfère son quartier général hors de France.

1954

Échec de la CED (Communauté européenne de défense).

1965

Politique de la chaise vide.

1966

1968

De Gaulle s'oppose à la politique monétaire menée par la Bundesbank qui joue contre le franc. Désaccord à propos de l'entrée de la Grande-Bretagne.

EXERCICE

Étudiez et commentez ce baromètre. Cherchez des informations complémentaires dans des dictionnaires encyclopédiques, des manuels scolaires ou des ouvrages spécialisés.

15 ■ «Pas de Boche chez nous, ma fille»

Les premiers échanges franco-allemands ont lieu dès 1946. Mais jusqu'en 1948, ce sont des rencontres à sens unique parce que les autorités françaises refusent d'ouvrir leurs frontières aux visiteurs allemands. Et quand cette interdiction est enfin levée,

5 *les premiers arrivants constatent que la réconciliation ne se fait pas du jour au lendemain.*

C'est ce qu'apprend Hans à ses dépens qui, même quinze ans après la fin de la guerre, est loin d'être

10 *accueilli à bras ouverts par la famille de sa copine bretonne.*

Il est grand, sérieux comme un pape, doux et gentil, il s'appelle Hans et il vit à Cologne. Elle est châtain clair, elle a des fourmis dans les jambes, un sac au dos, elle vient de Rennes, elle a dix-huit ans.

15 └ Tous les deux se sont rencontrés sur une route «Pax Christi» pendant l'été 59, ces sortes de «colo» avec veillées, discussions sans fin, feux de camps, guitares sèches, ces rassemblements d'été qui entraînent des jeunes Européens sur les routes des années 50. Pour faire se rencontrer jeunes Français, Italiens, Allemands ou Britanniques. Se connaître, c'est se comprendre. C'est oublier les années d'avant, les horreurs et la haine.

20 └ Hans et Jacqueline s'aiment bien sur les chemins de Suisse. Sans malice, ils s'embrassent sur la joue quand ils se quittent, commencent à s'écrire et il annonce sa venue en France. «À Noël, tu me feras découvrir la Bretagne». C'est simple. C'est compliqué. Très compliqué. Jacqueline en parle à sa mère: «accueillir un Allemand chez nous? Tu n'y penses pas, ma petite!». Non, elle n'y pense pas, c'était si simple en Suisse, entre jeunes par-

25 └ tageant les mêmes idéaux, la même générosité, la même bonne franquette. Elle n'y pense pas du tout tant et si bien qu'il débarque deux jours avant Noël.

Hans est là. Il restera à la porte: «J'en ai parlé à ton grand-père qui a fait la Grande guerre. Il ne mangera jamais à la même table qu'un Boche».

Alors, Jacqueline a payé une chambre d'hôtel à son Hans. Le jour de Noël, elle a mangé

30 └ avec lui dans un restaurant de l'avenue Janvier. Elle a un peu honte. Il est gentil, il lui offre chaque jour une rose rouge. Il reviendra à Pâques: «Tu sais, Jacqueline, mon père est mort pendant la guerre».

C'est l'histoire de deux mômes qui portent le poids de la guerre dans leur sac à dos. C'est une histoire rageante, étriquée et injuste.

Les années 50, Ouest-France, Hors-série, juillet 1996, p. 8

└ **le boche** *péj.*: l'Allemand └ **13 châtain/e**: d'une couleur brun clair └ **13 avoir des fourmis dans les jambes**: *ici* avoir envie de voyager └ **16 la veillée**: la soirée passée en bonne compagnie └ **16 la guitare sèche**: la guitare acoustique └ **20 sans malice**: sans songer à mal └ **25 la bonne franquette**: la simplicité et la franchise └ **26 débarquer chez qn**: arriver à l'improviste └ **33 le/la môme** *fam.*: l'enfant └ **34 étriqué/e**: borné/e

AUTOUR DU TEXTE

1   Comment l'Allemand Hans et la Bretonne Jacqueline ont-ils noué connaissance?
2   Pourquoi Jacqueline a-t-elle «un peu honte»?
3   Commentez la conclusion du journaliste: «C'est une histoire rageante, étriquée et injuste».

AU-DELÀ DU TEXTE

1   Le refus catégorique de la famille de Jacqueline d'offrir l'hospitalité au jeune Allemand vous paraît-il plausible?
2   Imaginez une discussion entre Jacqueline et sa famille à propos de cet indésirable venu d'Allemagne. Échangez vos arguments dans le cadre d'un jeu de rôle et essayez de régler ce contentieux à la satisfaction de tout le monde.

16 ■ De Gaulle et Adenauer:
Mémoires d'espoir – le renouveau

Un an après la signature du traité de Rome fondant la Communauté économique européenne (1957) et 4 mois après son retour au pouvoir, le général De Gaulle reçoit le chancelier allemand, Konrad Adenauer, dans sa propriété privée de Colombey-les-deux-Églises. De Gaulle relate cette rencontre dans ses «Mémoires d'espoir» après avoir livré ses réflexions sur le nécessaire rappro-
5 └ *chement franco-allemand.*

[...] Au cœur du problème et au centre du continent, il y a l'Allemagne. C'est son destin que rien ne peut être bâti sans elle et que rien, plus que ses méfaits, n'a déchiré l'Ancien Monde.

[...] Désormais, toutes précautions doivent être prises pour prévenir le retour en force des
10 └ mauvais démons germaniques. Mais, d'autre part, comment imaginer qu'une paix véritable et durable se fonde sur des bases telles que ce grand peuple ne puisse s'y résigner, qu'une réelle union du continent s'établisse sans qu'il y soit associé, que de part et d'autre du Rhin soit dissipée l'hypothèque millénaire de la ruine et de la mort tant que se prolongerait l'inimitié d'autrefois?

15 └ [...] Enfin, j'entends agir pour que la France tisse avec l'Allemagne un réseau de liens préférentiels qui, peu à peu, amèneront les deux peuples à se comprendre et à s'apprécier, comme leur instinct les y pousse dès lors qu'ils n'emploient plus leurs forces vives à se combattre.

[...] Me voici en tête à tête avec Konrad Adenauer. Tout de suite, il me pose la question de
20 └ confiance. «Je viens à vous», me dit-il, «parce que je vous considère comme quelqu'un qui est en mesure d'orienter le cours des événements. Votre personnalité, ce que vous avez déjà fait au service de votre pays, enfin les conditions dans lesquelles vous avez repris le pouvoir vous en donnent les moyens. Or, nos deux peuples se trouvent, l'un par rapport à l'autre, actuellement et pour la première fois, dans une situation qui leur per
25 └ met de placer leurs relations sur des bases entièrement nouvelles, celles d'une cordiale coopération. Certes, les choses ne sont pas, pour le moment, en mauvaise voie à cet égard. Mais ce qui a été fait déjà dans le bon sens n'a tenu qu'à des circonstances, extrêmement pressantes il est vrai, mais passagères à l'échelle de l'Histoire: la défaite du côté allemand, la lassitude du côté français. Il s'agit maintenant de savoir si quelque chose de
30 └ durable va être réalisé. Suivant ce que, personnellement, vous voudrez et ferez, la France et l'Allemagne pourront, ou bien vraiment s'entendre pour un long avenir, à l'immense bénéfice de toutes deux et de l'Europe, ou bien rester mutuellement éloignées et, par là, vouées à s'opposer encore pour leur malheur. Si le rapprochement réel de nos pays est dans vos intentions, laissez-moi vous dire que je suis résolu à y travailler avec vous et que
35 └ j'ai moi-même, à cet égard, certaines possibilités. Il y a, en effet, onze ans que j'exerce les fonctions de Chancelier et, malgré mon grand âge, je pense pouvoir le faire encore quelque temps. Or, le crédit qui m'est accordé et, d'autre part, mon passé, au cours duquel je

n'ai eu pour Hitler et ses gens que réprobation et mépris et reçu d'eux que sévices infligés à moi-même et aux miens, me mettent à même de conduire dans le sens voulu la politique de l'Allemagne. Mais vous? quelle direction comptez-vous donner à celle de la France?»

Je réponds au Chancelier que si nous sommes tous deux ensemble dans ma maison, c'est parce que je crois le moment venu pour mon pays de faire, vis-à-vis du sien, l'essai d'une politique nouvelle. La France, après les terribles épreuves déchaînées contre elle, en 1870, en 1914, en 1939, par l'ambition germanique, voit en effet l'Allemagne vaincue, démantelée et réduite à une pénible condition internationale, ce qui change du tout au tout les conditions de leurs rapports en comparaison du passé. Sans doute le peuple français ne peut-il perdre le souvenir de ce qu'il a souffert jadis du fait de son voisin d'outre-Rhin et négliger les précautions qui s'imposent pour l'avenir. J'avais, d'ailleurs, avant la fin des hostilités, envisagé que, de notre fait, ces précautions devraient être prises matériellement et sur le terrain. Mais, étant donné, d'une part, la dimension des événements accomplis depuis lors et la situation qui en résulte pour l'Allemagne, d'autre part la tournure des choses et l'orientation des esprits en République fédérale grâce à l'action menée par le Gouvernement de Konrad Adenauer, enfin l'intérêt primordial que présenterait l'union de l'Europe, union qui exige avant tout la coopération de Paris et de Bonn, j'estime qu'il faut tenter de renverser le cours de l'Histoire, de réconcilier nos deux peuples et d'associer leurs efforts et leurs capacités.

Cela dit, Adenauer et moi en venons à considérer comment y parvenir dans la pratique.

Charles de Gaulle, Mémoires d'espoir – Le renouveau (1958–1962), Presses Pocket, 1980, pp. 186–190

└ **3 relater qc:** raconter qc └ **13 millénaire:** qui a mille ans └ **29 la lassitude:** la fatigue └ **33 vouer:** *ici* condamner, destiner └ **38 la réprobation:** la condamnation, la désapprobation vive └ **38 infliger des sévices à qn:** faire subir à qn de mauvais traitements └ **44 déchaîner qc:** déclencher qc └ **45 démanteler qc:** détruire qc └ **46 être réduit à:** *ici* être condamné à └ **54 primordial/e:** essentiel/le

De Gaulle et Adenauer en France en juillet 1962

AUTOUR DU TEXTE

1   Quel sens le général de Gaulle entend-il donner à la visite du chancelier à Colombey-les-deux-Églises?

2   Montrez que, selon le chancelier allemand, la France et l'Allemagne sont arrivées à la croisée des chemins et que le moment est venu de donner une nouvelle orientation à leurs relations.

3   Comment le chancelier Adenauer juge-t-il les efforts passés faits en vue du rapprochement franco-allemand?

4   Montrez que le poids personnel mis par ces deux grands hommes dans la balance au bénéfice de leurs pays a joué un rôle décisif dans le rapprochement franco-allemand.

5   Pourquoi faut-il, selon Konrad Adenauer, poursuivre dans cette voie et donner un caractère durable et définitif à la bonne entente entre les deux peuples?

6   Quelle analyse Charles de Gaulle fait-il des relations conflictuelles d'autrefois entre les deux pays et comment voit-il la situation actuelle de l'Allemagne?

7   Comment justifie-t-il sa décision de tenter «une politique nouvelle» en collaboration avec le chancelier Adenauer?

8   Montrez que tout en poursuivant les intérêts légitimes de leurs pays respectifs, les deux hommes d'État placent l'Europe au centre de leurs préoccupations.

AU-DELÀ DU TEXTE

Pensez-vous que la méfiance que le général de Gaulle nourrit à l'égard de «l'ambition germanique» soit justifiée?

17 ■ Déclaration commune du 22 janvier 1963

C'est au cours d'un voyage officiel effectué par le général de Gaulle en République fédérale en septembre 1962 que naît le projet d'un traité franco-allemand qui sera signé le 22 janvier 1963 au palais de l'Élysée. Voici le texte de la Déclaration commune placée en tête de ce «Traité entre la République française et la République d'Allemagne sur la coopération franco-allemande»:

5 Le Dr. Konrad Adenauer, Chancelier de la République fédérale d'Allemagne, et le Général de Gaulle, Président de la République française,

– À l'issue de la conférence qui s'est tenue à Paris les 21 et 22 janvier 1963 et à laquelle ont assisté, du côté allemand, le Ministre des Affaires Étrangères, le Ministre de la Défense et le Ministre de la Famille et de la Jeunesse; du côté français, le
10 Premier Ministre, le Ministre des Affaires Étrangères, le Ministre des Armées et le Ministre de l'Éducation Nationale,
– Convaincus que la réconciliation du peuple allemand et du peuple français, mettant fin à une rivalité séculaire, constitue un événement historique qui transforme profondément les relations entre les deux peuples,
15 – Conscients de la solidarité qui unit les deux peuples tant du point de vue de leur sécurité que du point de vue de leur développement économique et culturel,
– Constatant en particulier que la jeunesse a pris conscience de cette solidarité et se trouve appelée à jouer un rôle déterminant dans la consolidation de l'amitié germano-française,
20 –Reconnaissant qu'un renforcement de la coopération entre les deux pays constitue une étape indispensable sur la voie de l'Europe unie, qui est le but des deux peuples,
– ont donné leur accord à l'organisation et aux principes de la coopération entre les deux États tels qu'ils sont repris dans le Traité signé en date de ce jour.

FAIT à Paris, le 22 janvier 1963, en double exemplaire en langue allemande et en
25 langue française.

Le Chancelier fédéral   Le Président
de la République fédérale d'Allemagne: de la République française:
ADENAUER   DE GAULLE

DEUTSCHLAND   FRANKREICH

Ein neues Kapitel ihrer Geschichte, 1948–1963–1993, Europa Union Verlag GmbH, 1993, p. 136

└ **7 à l'issue de:** à la fin de └ **13 séculaire:** qui existe depuis des siècles

AUTOUR DU TEXTE

1 Pourquoi ce traité est-il un «événement historique»?
2 Relevez les mots-clés du texte et commentez-les.
3 Quels espoirs les États signataires placent-ils dans ce traité?

18 ■ Jumelages et rencontres

Première rencontre de la jeunesse européenne en 1951

En 1962, la date est symptomatique, Heinz Willmeroth retourne en France pour la première fois depuis sa libération des camps français de prisonniers allemands, mettant à
profit de nouvelles fonctions au sein d'une section régionale de la Fédération allemande
de football. Le sport: l'occasion rêvée pour renouer avec le passé, pour chercher le dia-
5 └ logue, pour habituer les jeunes à se déplacer sur un même terrain de confrontation –
sportive cette fois. Et que quelques mois plus tard, deux gouvernements décident solennellement la réconciliation historique et fournissent aux jeunes la possibilité de mettre
en pratique les idées développées ici et là, individuellement, par des gens de bonne
volonté, c'était sans nul doute «le hasard qui fait bien les choses». [...]

10 └ Dans l'ensemble, c'est aussi et surtout dans les écoles et les lycées, que l'OFAJ s'est fait
connaître auprès des jeunes. Partout où l'on enseignait l'allemand, partout où des jumelages de villes commençaient à rapprocher les deux pays. Souvenir.

C'était la tradition à cette époque-là: pour le dernier cours de l'année scolaire, on projetait
des diapositives. En juin 1962, juste avant les grandes vacances, un professeur d'alle-
15 └ mand du Lycée Pothier d'Orléans apporta des photos d'un ancien voyage à travers l'Allemagne fédérale: des diapos de Berlin et de Munich, de Hambourg et de Cologne. Des
photos que presque tous les élèves avaient déjà vues un jour quelque part. Pour finir,
l'enseignant montra une photo jaunie de l'hôtel de ville de Münster: «Il faut que vous
alliez là-bas», dit-il, «celui qui y est allé une fois, oublie à jamais que les Allemands et
20 └ nous avons été des ennemis héréditaires.»

Les élèves, qui avaient en moyenne douze ans, ont réagi à cette phrase par des éclats de rire. Ennemis héréditaires? Oublier? Qu'est-ce qu'il voulait dire? Le prof piqua une colère, ralluma la lumière, s'asseya très décontracté sur le bord de son bureau (ce qui n'était pas encore la coutume chez les enseignants) et commença, d'une voix émue, à

25 └ raconter l'histoire franco-allemande: il parla de guerre et de camps de concentration, de tranchées et de chars, de villes détruites – le calme était subitement revenu dans la classe. Pour la première fois, les jeunes lycéens d'Orléans venaient d'entendre un cours d'histoire avec un témoin, et ce sur un sujet, qui avait mené leurs parents, il n'y avait pas si longtemps, à la catastrophe.

30 └ Pour des élèves de douze ans, l'histoire se limite, aujourd'hui encore, aux Gaulois, aux Romains et aux Germains; le XXe siècle n'intervient que juste avant le baccalauréat. La Seconde Guerre mondiale, du moins en ce temps-là, se résumait aux vieilles histoires de papa, et même le grand-père énervait souvent ses petits-enfants avec ses descriptions épiques de la guerre de 1914–1918. Ce que le professeur d'allemand à Orléans avait raconté,

35 └ était tout différent: car il dépeignait une sombre image de l'histoire franco-allemande pour mieux vanter les mérites de nouvelles relations, amicales cette fois. Incroyable, se disaient les enfants. En effet: en principe, ce n'est pas ainsi que l'on parle à propos d'amis.

Lorsqu'au cours de l'année 1962 le président français et le chancelier allemand ont assisté solennellement à un service religieux dans la cathédrale de Reims, ou lorsque le

40 └ général de Gaulle, au cours de ses visites dans plusieurs villes d'Allemagne, a évoqué publiquement le «grand peuple allemand», de nombreux professeurs d'allemand à Orléans organisaient déjà des soirées de cinéma et des expositions de photos dans les classes pour tenter de gagner de plus en plus d'élèves à la cause de la nouvelle amitié qu'Orléans avait signée deux ans plus tôt avec la ville de Münster en Westphalie. Et lors-

45 └ que de Gaulle et Adenauer ont scellé le 22 janvier 1963 l'an 1 historique de la réconciliation franco-allemande, plus de 500 jeunes d'Orléans et 500 jeunes de Münster avaient déjà fait connaissance. Le jumelage, qui fut même récompensé en 1975 par le Prix France-Allemagne, venait ainsi sans conteste de jouer son rôle de précurseur: ce sont précisément les jeunes écoliers, qui savaient encore si peu sur le sombre passé commun

50 └ des deux pays, qui ont fait en sorte que règne le 22 janvier 1963 un climat psychologique à l'échelon local favorable à l'amitié entre les deux pays.

Gérard Foussier, Les passe-frontières / Itinéraires franco-allemands, Publications de l'Institut d'Allemand, 1993, pp. 40–42 et pp. 44–46

└ **4 renouer avec le passé:** reprendre des relations interrompues └ **23 décontracté/e:** détendu/e └ **26 la tranchée:** Schützengraben └ **45 sceller** *fig.*: confirmer de manière solennelle, définitive └ **48 le précurseur:** Vorläufer └ **51 à l'échelon de:** au niveau de

1   Qu'apprenez-vous dans le texte sur les motivations et les activités des médiateurs qui ont initié les premiers échanges scolaires entre des jeunes Français et Allemands?

2   Pourquoi ces pionniers de la réconciliation franco-allemande avaient-ils besoin d'une bonne dose de courage, d'idéalisme et de pouvoir de persuasion?

3   Quel lien y a-t-il eu dès le début entre les jumelages de villes et les échanges scolaires?

4   Montrez que le terrain était tout préparé grâce à l'action de nombreux médiateurs et jeteurs de ponts bien avant la consécration solennelle de l'amitié franco-allemande par de Gaulle et Adenauer.

AU-DELÀ DU TEXTE

1   Expliquez pourquoi ce sont souvent les gens victimes de la guerre qui ont impulsé le processus de rapprochement entre les deux peuples.

2   Que pensez-vous de la démarche du professeur d'allemand qui juge nécessaire d'évoquer les années sombres de l'histoire franco-allemande devant ses jeunes élèves?

3   Croyez-vous aussi que le sport offre d'excellentes opportunités pour ouvrir le dialogue par-delà les frontières? Justifiez votre réponse.

4   Quel est l'apport spécifique des jumelages de villes et des appariements scolaires à la consolidation de l'amitié franco-allemande?

5   Discutez les possibilités d'un engagement personnel dans le cadre d'un jumelage.

19 ■ L'Office franco-allemand pour la Jeunesse

L'institution

L'Office franco-allemand pour la Jeunesse (OFAJ) est issu du Traité sur la coopération franco-allemande du 22 janvier 1963. Le Général de Gaulle et le Chancelier Adenauer, en scellant définitivement la réconciliation franco-allemande, n'ont pas voulu seulement tirer un trait sur le passé. Ils ont aussi appelé «les jeunes à jouer un rôle déterminant dans la consolidation de l'amitié franco-allemande». [...]

Activités de l'OFAJ

L'activité de l'OFAJ s'exerce dans tous les domaines qui concernent la jeunesse: par exemple la vie associative, l'école, l'enseignement supérieur, la profession, le sport, la culture et les jumelages de villes. Ces échanges revêtent des formes très diverses et vont des rencontres de groupes jusqu'aux séjours d'études et aux stages individuels dans l'autre pays. Il faut signaler aussi que l'OFAJ soutient des actions d'apprentissage de la langue du partenaire. [...]

Des jeunes ressortissants d'autres pays peuvent participer à des programmes trinationaux de l'OFAJ.

15 ⌐

Quelques chiffres

Depuis 1963, plus de 5,5 millions de jeunes Français et Allemands ont, en France et en Allemagne, participé à plus de 200 000 rencontres subventionnées par l'Office franco-allemand pour la Jeunesse. Chaque année, 7 000 rencontres et activités

20 ⌐   franco-allemandes réunissent environ 142 000 jeunes des deux pays.

Office franco-allemand pour la Jeunesse
51, rue de l'Amiral-Mouchez
75013 Paris
Téléphone: (0033–1) 40 78 18 18

25 ⌐   Télécopie: (0033–1) 40 78 18 88
http://www.ofaj.org

D'après G. Foussier, Les passe-frontières/ Itinéraires franco-allemands, PIA, pp. 189–190

⌐ **2 issu/e de**: qui est né/e de   ⌐ **5 tirer un trait sur le passé**: einen Schlussstrich ziehen   ⌐ **14 le ressortissant**: le résident, le national

AUTOUR DU TEXTE

1 Dans quelles circonstances est né l'OFAJ et quelle est sa vocation?

2 Commentez l'éventail étendu des activités de l'OFAJ. Dans quels domaines ces activités vous semblent-elles répondre particulièrement bien aux vœux de ses fondateurs?

3 Pourquoi l'OFAJ attache-t-il une si grande importance aux échanges de jeunes.

AU-DELÀ DU TEXTE

L'OFAJ propose désormais également des programmes trinationaux. Que pensez-vous de cette extension de ses activités? Justifiez votre réponse.

20 ■ France-Allemagne: la prochaine étape

Sept ans après la réunification allemande, l'éditorialiste de L'Événement du Jeudi, Albert du Roy, fait le point sur les relations franco-allemandes avec une mise en perspective du Traité de l'Élysée de 1963. À la fin de son article, il s'interroge sur les suites à donner au processus de coopération engagé il y a quelques décennies.

5 ⌞ Comme les temps changent! Naguère, il était bien normal d'avoir peur de l'Allemagne. Tant de familles avaient payé le prix du sang en raison de l'impérialisme allemand, puis hitlérien, et de l'impéritie des démocraties. Deux guerres en un demi-siècle, cela suffisait. L'Allemagne était divisée en deux? On aurait préféré qu'elle soit coupée en quatre. Le passé tourmenté dominait l'horizon, brouillait les perspectives. Aussi, dans les années

10 ⌞ 50, quand naquit le projet de la CED (Communauté européenne de défense), ce fut un tollé. Gaullistes, communistes, anciens combattants, patriotes de tout poil s'indignèrent contre cette horreur suprême: un réarmement de l'Allemagne. Les cicatrices étaient trop vives, le temps n'était pas encore venu. Les jeunes gens de 1945 n'avaient pas la trentaine. En 1961, le mur de Berlin symbolise l'affrontement Est-Ouest et, bon gré mal gré,

15 ⌞ solidifie les liens entre Allemands de l'Ouest et Occidentaux. On ne peut pas dire néanmoins que, en France, cette perspective soulève l'enthousiasme. Mais deux hommes voient loin: en janvier 1963, de Gaulle et Adenauer signent à l'Élysée le traité d'amitié franco-allemand. Tous les présidents, depuis, n'auront de cesse de diversifier, de renforcer, d'approfondir cette amitié, cette coopération. Jusqu'à ce geste en soi mineur, mais

20 ⌞ incroyablement symbolique, de faire défiler les soldats allemands de l'Eurocorps, le 14 juillet 1994, devant l'Arc de triomphe. Les jeunes de 1945 ont 70 ans. Nous avons changé d'époque.

Et nous avons aussi changé de monde. Avec la chute du mur et la réunification allemande, on pouvait craindre de voir l'Allemagne, à nouveau sûre d'elle et arrogante, se

25 ⌞ dégager de ses attaches occidentales et redevenir cette inquiétante «puissance centrale» de l'Europe. Mais, là encore, deux hommes ont regardé au-delà de l'horizon: Mitterrand, quoi qu'on en ait dit, et Kohl ont accéléré encore les procédures de rapprochement. Pour éviter que l'Allemagne redevienne exclusivement allemande. C'est dire que l'accord de défense signé en secret, en novembre dernier, par Chirac et Kohl à Nuremberg, s'inscrit

30 ⌞ parfaitement dans la continuité. C'est dire aussi que les héritiers du gaullisme et du mitterrandisme ne peuvent s'en indigner. En 1963, le traité de l'Élysée engageait déjà à «aboutir à des conceptions communes» en matière de défense. Septennat après septennat, cette vision prophétique se concrétise. Cette initiative, malgré sa logique, est-elle totalement comprise? Est-elle suffisante? [...] Toute politique de défense doit être au service

35 ⌞ d'une politique étrangère commune. Or cette politique commune n'existe pas encore. Pis: les structures qui permettraient d'y parvenir n'existent pas non plus. Tel qu'il fonctionne, le Conseil européen est largement inefficace en cette matière. Autrement dit, s'il y a un reproche à adresser à l'accord Kohl-Chirac, c'est de mettre la charrue devant les bœufs, de créer l'attelage avant de savoir quel champ on va labourer.

40 └ La prochaine étape, c'est donc l'unification de la politique. Avant de passer à l'union politique.

Albert du Roy, EDJ, 30 janvier – 5 février 1997, p. 3

└ **5 naguère:** récemment └ **6 en raison de:** à cause de └ **7 l'impéritie** *f.:* le manque d'habileté, l'incapacité └ **9 tourmenté/e:** troublé/e └ **9 brouiller:** rendre confus └ **11 le tollé:** la clameur de protestation └ **11 de tout poil:** de toute sorte └ **11 s'indigner de qc:** sich über etw. entrüsten └ **12 la cicatrice:** la trace d'une blessure └ **14 bon gré mal gré:** wohl oder übel └ **16 soulever qc:** faire naître qc └ **18 n'avoir (point) de cesse de:** ne pas s'arrêter avant que └ **32 le septennat:** la période de sept ans pendant laquelle le président de la République française est en fonction └ **38 mettre la charrue avant** *(vieilli)* / **devant les bœufs:** das Pferd von hinten aufzäumen └ **39 un attelage:** Gespann └ **39 labourer:** travailler la terre

AUTOUR DU TEXTE

1 L'éditorialiste trouve normal que, naguère, les Français aient eu peur de l'Allemagne. Comment explique-t-il cette attitude?

2 Quels effets néfastes ce «passé tourmenté» a-t-il longtemps produits sur les relations entre les deux pays?

3 Pourquoi l'année 1963 a-t-elle ouvert une ère nouvelle dans les relations entre Paris et Bonn?

4 Le journaliste considère que la participation de soldats allemands au défilé traditionnel du 14 juillet sur les Champs-Elysées en 1994 a une valeur hautement symbolique. Cette appréciation vous paraît-elle justifiée?

5 Pourquoi l'action politique menée par François Mitterrand et le chancelier Kohl est-elle comparable à celle de leurs grands aînés de Gaulle et Adenauer selon l'éditorialiste?

6 Le journaliste reproche à J. Chirac et H. Kohl d'avoir mis «la charrue devant les bœufs» en signant l'accord de défense de Nuremberg. Comment argumente-t-il cette idée? Partagez-vous le point de vue critique du journaliste?

AU-DELÀ DU TEXTE

Croyez-vous que les craintes des Français de voir réapparaître «une Allemagne sûre d'elle et arrogante» avec toutes les conséquences néfastes que cela pourrait entraîner pour la stabilité politique du vieux continent européen, soient apaisées une fois pour toutes?

L'ombre de l'Histoire

39

21 ■ La fin de l'ère Kohl

Après sa défaite aux élections législatives de septembre 1998, le chancelier Kohl doit céder la place au social-démocrate Gerhard Schröder. «Le Monde» brosse le portrait du «chancelier d'une nouvelle Allemagne» tout en s'interrogeant sur l'impact que ce succès électoral de la gauche pourrait avoir sur la relation franco-allemande.

Première rencontre de Gerhard Schröder et Jacques Chirac à Paris après les élections allemandes de septembre 1998.

5 └ L'homme venu de Hanovre n'a rien d'un francophile. Il a proposé, fin 1997, de remplacer le couple franco-allemand par un triangle franco-germanico-britannique avant de se raviser face au tollé provoqué et
10 └ sous la pression du président du parti, Oskar Lafontaine. Et quand il évoque la France, c'est souvent pour parler davantage de vacances, vins et gastronomie et moins de son économie, qu'il estimait trop
15 └ faible fin 1997 pour faire face au choc de l'euro ...

Avec Gerhard Schröder, c'est une nouvelle Allemagne qui arrive au pouvoir, une Allemagne du Nord, protestante, attirée par les
20 └ Britanniques, qui tranche avec la bonhomie parfois pataude de l'Allemagne rhénane et catholique du chancelier Kohl. Celui qui évoque sans cesse la «République de Berlin» souhaite déménager au plus vite sur les rives de la Spree, pour faire entrer l'Allemagne dans le XXIᵉ siècle.

Helmut Kohl finissait par faire sourire en répétant que l'Europe était «une question de
25 └ guerre et de paix au XXIᵉ siècle», mais il rassurait. Pour Gerhard Schröder, le temps de la réconciliation est passé. Comme ceux de sa génération, il est européen, non pas parce qu'il doit l'être, mais parce qu'il le veut. Il compte défendre les intérêts de son pays sans avoir à porter le fardeau du passé, même s'il se défend de toute tentation nationaliste. «Je ne suis pas un Teuton à casque à pointe», a-t-il précisé cet été à des journalistes étrangers.
30 └ Helmut Kohl avait quinze ans en 1945. Trop jeune pour être «coupable», assez vieux pour être marqué à jamais par la barbarie nazie. Gerhard Schröder est l'enfant de «l'Allemagne année zéro». Premier chancelier à ne pas avoir connu la guerre, il se rappelle surtout les dures années de la reconstruction.

Arnaud Leparmentier, Le Monde, 29 septembre 1998, p. 5

└ **9 se raviser:** changer d'avis └ **9 le tollé:** une clameur de protestation └ **20 trancher avec qc:** former un contraste avec qc └ **20 pataud/e:** gauche, lourd/e, maladroit/e

1 Quelle image Gerhard Schröder a-t-il de la France? Montrez en quoi son rapport à notre pays voisin diffère de celui de son prédécesseur et expliquez-en les raisons.

2 Pourquoi Gerhard Schröder a-t-il déclaré devant des journalistes étrangers: «Je ne suis pas un Teuton à casque à pointe»? Expliquez la charge symbolique et la portée politique de cette phrase.

3 La victoire électorale de Gerhard Schröder a été perçue par la presse française comme l'arrivée au pouvoir d'une autre génération représentative d'une nouvelle Allemagne décomplexée. Expliquez et discutez ce constat. Quelles pourraient en être les conséquences pour notre pays dans l'Europe du troisième millénaire?

4 Pourquoi le projet de réforme de M. Schröder concernant l'axe franco-allemand a-t-il soulevé une vague de protestations à votre avis?

5 Quelle conclusion le lecteur français tirera-t-il de ce portrait de Gerhard Schröder?

22 ■ «Allez l'Europe!», «Allez Toulouse!»

Vainqueurs à l'applaudimètre, les 24 Panzer allemands ont été – avec les sapeurs-pompiers – les héros de ce 14 Juillet. Réactions sur les Champs-Élysées pendant que défilaient les militaires.

On attendait les huées, on a eu les applaudissements. Point de réactions hostiles au passage des 24 blindés allemands sur le pavé parisien. Tout juste si on a entendu quelques
5 ⌐ sifflets isolés accueillant la brigade franco-allemande, en tête de l'Eurocorps. Mieux: au palmarès des attractions du jour, le corps européen est arrivé largement premier, bien plus applaudi que les autres divisions et autant que les sapeurs-pompiers, pourtant chouchous traditionnels du défilé.

Les jeunes communistes et les jeunes royalistes n'ont donc pas tenu leurs promesses:
10 ⌐ le Mouvement de la restauration nationale avait pourtant juré que ses militants manifesteraient bruyamment leur désapprobation. Au lieu de quoi, devant le théâtre Mari-gny, on a pu entendre «Allez l'Europe!» comme on avait crié «Allez Toulouse!» quelques minutes avant, au passage des aviateurs toulousains. Seule une poignée d'hélicoptères a distrait un instant l'enthousiasme.

15 ⌐ Sandra, 50 ans, en serait presque agacée: «Les Allemands ont été plus applaudis que les Français!» Résumé du sentiment général: on ne peut pas oublier la guerre, mais on ne peut pas ne pas coopérer. «D'ailleurs, la réconciliation est ancienne, note Guy, un ancien militaire. On fait tout un tapage médiatique, mais en fait, on enfonce une porte ouverte!» Et Xavier d'ajouter: «Après tout, l'Allemagne participe pour une large part au bud-
20 ⌐ get de l'Europe. Je ne vois pas pourquoi on l'exclurait.» «Les Allemands ont été libérés du nazisme en même temps que nous», renchérit Luc.

La germanophilie a quand même ses limites. S'ils ne le crient pas sur les toits, certains se disent embarrassés par la coïncidence des dates: «Moi, je dis comme Pasqua: les Allemands sur les Champs, c'est bien, mais pas l'année du cinquantenaire du Débarque-

25 ⌞ ment», déclare une brune méridionale et bon chic, tout juste remise du défilé de son fils polytechnicien. Et ce ne sont pas forcément les générations ayant vécu l'Occupation qui sont les plus critiques ... Sur leurs vélos, Carole et Béatrice. 43 ans à elles deux ont de la mémoire. Les Panzer sur les Champs-Elysées? «C'est l'horreur, ils ont rien à faire ici.
– Tu rigoles! Le passé, c'est le passé.
30 ⌞ La guerre, c'est pas nous qui l'avons faite.
– Oui mais là, c'est le défilé de la France. Moi, j'ai toujours peur de l'Allemagne. Et en Allemagne, il y a beaucoup de groupes d'extrême droite qui veulent refaire une armée nazie.»
Chez les aînés, on hésite. Josiane, Ginette, Roger et Raymond, entre 55 et 65 ans, sont
35 ⌞ venus en bus de Dunkerque: «Finalement ce n'est pas trop grave, parce qu'ils ne défilent pas à pied. Ils l'ont déjà fait, et entendre le bruit des bottes, le vrom-vrom-vrom, le Eins-Zwei-Eins-Zwei, c'était pas marrant ... On est plutôt contre leur présence. Quand ils passeront, précise Raymond, je tournerai la tête.»
De toute façon, les touristes allemands ont de l'ardeur pour deux. Götz, 54 ans, s'est
40 ⌞ juché sur un escabeau avec son appareil-photo. Götz a au moins trois bonnes raisons de célébrer la présence allemande sur les Champs. Il est marié à une Française, son fils a accompli son service dans la brigade franco-allemande, et le maire de Stuttgart, sa ville, n'est autre que le fils du maréchal Rommel, Manfred, qui était hier aux côtés de François Mitterrand sur la tribune officielle, présenté par Helmut Kohl comme le symbole d'une
45 ⌞ Allemagne anti-hitlérienne: «Lui, il est pour l'Europe, pas de problème!» Kristof, 24 ans, campé devant le Virgin Megastore, aurait préféré que la belle fraternité du 14 Juillet soit précédée d'une invitation aux cérémonies commémoratives du 6 juin dernier ...
Michel est d'accord, il aurait bien aimé voir les Allemands dans sa Basse-Normandie. Il est venu cocarde à la poitrine sur les Champs-Élysées ... pour vendre ses tee-shirts et bri-
50 ⌞ quets «commémoratifs» du Débarquement. Mais il n'a pas reçu l'autorisation. Alors il a regardé le Panzerbataillon 294 défiler, germanophile jusqu'à regretter que l'Allemagne n'ait pas été qualifiée pour les demi-finales de la Coupe du monde de football.

Virginie Félix et Emmanuelle Walter, Libération, 15 juillet 1994

⌞ **1 un applaudimètre**: un instrument servant à mesurer l'intensité des applaudissements ⌞ **1 un sapeur-pompier**: Feuerwehrmann ⌞ **3 la huée**: Hohngeschrei ⌞ **4 le pavé**: Pflasterstein ⌞ **5 le sifflet**: Pfiff ⌞ **6 le palmarès**: Rangliste ⌞ **7 le chouchou** *fam.*: le favori ⌞ **11 la désapprobation**: Missbilligung ⌞ **15 agacé/e**: énervé/e, irrité/e ⌞ **18 le tapage médiatique**: Medienrummel ⌞ **18 enfoncer une porte ouverte**: offene Türen einrennen **21 renchérir sur** *fig.*: aller encore plus loin, exagérer ⌞ **22 germanophile**: qui aime les Allemands ⌞ **23 Charles Pasqua**: ministre de l'intérieur de l'époque ⌞ **24 le cinquantenaire**: le 50e anniversaire ⌞ **26 le/la polytechnicien/ne**: qui suit une formation d'ingénieur ou d'officier à l'École Polytechnique ⌞ **39 avoir de l'ardeur** *f.* **pour deux**: être plein de vivacité ⌞ **39 se jucher**: se placer très haut ⌞ **40 un escabeau**: Hocker ⌞ **49 la cocarde**: l'insigne aux couleurs nationales ⌞ **49 le briquet**: Feuerzeug

AUTOUR DU TEXTE

1. Montrez que les organisateurs ont pris un risque calculé en invitant des soldats allemands à participer au défilé traditionnel du 14 juillet sur les Champs-Élysées.
2. Comment la foule a-t-elle accueilli les 200 soldats allemands de la brigade franco-allemande lors du défilé? Relevez et discutez ces différentes réactions en tenant compte aussi de l'âge des personnes interrogées.
3. Quelles conclusions tirez-vous de la victoire étonnante des 24 tanks allemands à l'applaudimètre?
4. Montrez que le slogan «Allez l'Europe» scandé par quelques spectateurs exprime bien le sentiment général et donne aussi le ton de l'article.

AU-DELÀ DU TEXTE

Le 6 juin de la même année avaient eu lieu les cérémonies commémoratives du débarquement allié en Normandie de 1944, mais en excluant les Allemands. Partagez-vous l'avis de ceux qui regrettent qu'on n'ait pas invité le chancelier Kohl à cette commémoration? Justifiez votre opinion.

En 1994, de jeunes soldats allemands participent au défilé du 14 juillet sur les Champs-Élysées.

23 ▪ Arte, la télé-Maastricht au quotidien

Autour de la grande table ovale en loupe d'érable, seules deux ou trois personnes ont coiffé les écouteurs de traduction simultanée. [...]

Si les responsables de la chaîne franco-allemande qui se retrouvent à Strasbourg mettent un point d'honneur à comprendre sans interprète la langue de l'autre, ils ne parviennent
5 └ pas à dissimuler, entre eux, un certain «décalage culturel». Ainsi ce jour-là, les Français, qui souhaitent obtenir un accord de principe pour préparer une soirée sur le tennis en liaison avec la fédération française (il faut faire vite, afin d'être prêts pour Roland-Garros) se font moucher. Les Allemands n'aiment pas être bousculés, et le font savoir. Et gare aux projets qui n'apparaissent pas assez indépendants!

10 └ Plus largement, un bref séjour à Strasbourg suffit à vérifier que les clichés ne sont pas toujours infondés. On parle davantage le français que l'allemand dans les couloirs. De la part des Allemands volontiers francophiles, un reproche affleure: ils sont plus nombreux à bien parler notre langue que l'inverse. Aussi sont-ils très sensibles quand Jérôme Clément, leur président jusqu'à la fin 1996, prononce ses discours en allemand.

15 └ De bureau en bureau, on colporte les récits de malentendus ou de conflits. Si les Allemands arrivent aux réunions bien préparés, avec un agenda précis, les Français improvisent, glissent d'un sujet à l'autre, caracolent sur l'ordre du jour, et s'énervent par exemple des négociations constantes, à chaque nomination, pour maintenir l'équilibre entre les Länder allemands. Les Allemands ne prennent une décision que lorsque toutes les par-
20 └ ties sont tombées d'accord, et ensuite n'en changent plus. Les Français décident d'abord, puis ... changent d'avis. À plusieurs reprises, la remise en question d'une grille de programmes établie après des mois de discussion a rendu fous les Allemands – ils ont fini par s'y habituer. Ceux-ci soupçonnent toujours chez les Français une manœuvre cachée, tandis que les Français redoutent d'être écrasés par le rouleau compresseur germanique.

25 └ On vote peu à Strasbourg: les Allemands pratiquant le culte du consensus, on prend le temps qu'il faut pour y parvenir, des mois si nécessaire! Découverte surprenante pour les Français qui voient beaucoup de temps perdu dans cette lourdeur démocratique – les Allemands, eux, se félicitant des conflits potentiels évités. Culte de l'écrit et besoin de transparence, les Allemands y vont de leur note sur tous les sujets (chaque note étant aus-
30 └ sitôt traduite) quand les Français affectionnent plutôt les tractations de couloir. Avoir par trop négligé de répondre aux correspondances a valu à Jérôme Clément de recevoir des chers amis allemands le catalogue des lettres auxquelles les Français n'avaient pas répondu (double envoyé dans toutes les télévisions allemandes).

Peu à peu, pourtant, les uns apprennent des autres. Extrêmement directs, les Allemands
35 └ semblent avoir donné aux Français leur goût de la franchise dans la discussion, même si ceux-ci n'ont pas renoncé à l'allusion ou au second degré (les Allemands détestent!) Que de chemin parcouru depuis le jour ou les premières équipes ont débarqué à Strasbourg en 1991. «Il n'y avait rien, se souvient Jérôme Clément. On était dans les bureaux de France 3, dans des sous-sols sans fenêtres, on ne se connaissait pas. Dietrich Schwarz-
40 └ kopf le vice-président d'alors, et moi, avons été présentés comme deux fiancés, au restaurant. On s'est parlé en anglais».

Pour tous ceux qui l'ont vécue, ce fut une époque un peu magique. Laurent Andres, responsable de l'unité spectacles, se souvient qu'ils riaient beaucoup: «Pas de hiérarchie,

une simplicité savamment entretenue de part et d'autre. Les Allemands faisaient de gros
45 ⌞ efforts pour renoncer à leur formalisme social. Ils ont même abandonné un temps leur
Herr Doktor!»
Cette euphorie n'eut qu'un temps. Il a fallu tout organiser de façon parfaitement paritaire
avec marchandages interminables et grand agacement des Français. [...]
Si certains sujets sont adoptés à la quasi-unanimité (la passion des échecs, l'homosexua-
50 ⌞ lité et la littérature devraient faire prochainement l'objet de soirées thématiques), d'autres sont longuement épluchés lors de la conférence des programmes. La soirée «Euro»
par exemple. Comment la chaîne, partie prenante de la construction européenne, doit-
elle traiter la monnaie unique, sachant qu'une partie de l'opinion y est opposée? Des
reportages? Cela ne suffit pas. Un débat avec les politiques? Mais on risque l'ennui.
55 ⌞ Réserver une ligne téléphonique pour que les téléspectateurs manifestent en direct leurs
réticences? Le directeur des programmes promet de faire en sorte que la soirée réponde
aux vœux de l'assemblée, et l'on enchaîne.
Viennent ensuite trois projets de Daniel Leconte, passés au peigne fin. Visiblement, les
Allemands continuent de régler des comptes avec le producteur de «De quoi j'me mêle»,
60 ⌞ ex-animateur de «Transit», accusé de ne jamais tenir compte du point de vue allemand.
Et de rappeler comment le journaliste arrivait sur le plateau en haut d'un escalator – telle
une star «au-dessus de la mêlée» – ce qu'ils ne supportent pas.
Appréciés en France chez les présentateurs et dans les documentaires, l'art, le talent, le
charme, sont considérés avec méfiance par les Allemands, prompts à y voir une tentative
65 ⌞ de séduction, donc de propagande – mauvais souvenirs encore ... Le journaliste allemand
se doit d'être effacé, austère, il ne mêle jamais le commentaire aux faits et sa déontologie
lui interdit de déjeuner avec des hommes politiques. Les Français, qui aiment bien
mélanger les genres, jugent les informations allemandes ennuyeuses. Les Allemands
jugent les nôtres à la fois superficielles et trop déférentes vis-à-vis du pouvoir. [...]
70 ⌞ Au secteur fiction d'Arte, on ne parle plus en termes d'équipes «françaises» ou «allemandes» – «la distinction n'a plus d'actualité ni d'intérêt», affirme-t-on – mais scénario,
personnages, cadrages. Surprise! Tous parlent alors la même langue, comme au groupe
cinéma où les réunions sont devenues «quasi conviviales». «On est dans le même esprit,
on aime le cinéma d'abord!» assure Richard Boidin, directeur du secteur à la Sept-Arte
75 ⌞ (Paris).
Divine découverte: l'amour des images est transfrontières. Le «mariage de raison»
décrété par les politiques peut-il se transformer en mariage d'amour?

Catherine Humblot, Le Monde, 18–19 février, 1996, pp. 2–4

⌞ **1 la loupe d'érable:** Ahornknorren ⌞ **2 coiffer les écouteurs** *m.:* mettre les écouteurs sur sa tête ⌞ **2 la traduction simultanée:** zeitgleiches Dolmetschen ⌞ **3 la chaîne:** la station de télévision ou de radio ⌞ **3 mettre un point d'honneur à qc:** sich etw. zur Ehrensache machen ⌞ **5 le décalage:** un écart, un désaccord ⌞ **8 se faire moucher:** se faire réprimander durement ⌞ **8 gare à:** attention à ⌞ **11 infondé/é:** sans justification ⌞ **12 affleurer:** apparaître à la surface ⌞ **15 colporter qc:** transmettre qc, propager qc ⌞ **17 caracoler sur** (l'ordre du jour): *ici* es nicht so genau nehmen mit (der Tagesordnung) ⌞ **21 une grille de programmes:** Programmraster ⌞ **23 une manœuvre cachée:** une ruse ⌞ **24 redouter qc:** craindre qc ⌞ **24 le rouleau compresseur:** Dampfwalze ⌞ **25 pratiquer le culte du consensus:** tenir à obtenir à tout prix l'accord de tous ⌞ **29 les Allemands y vont de leur note:** ils font tout par écrit ⌞ **30 affectionner qc:** aimer qc ⌞ **30 les tractations** *f.* **de couloir** *péj.* (surtout au pluriel): une négociation de carac-tère officieux et occulte où interviennent des manœuvres et des marchandages ⌞ **33 le double:** Durchschlag ⌞ **35 le goût de qc:** l'amour de qc ⌞ **36 au second degré:** *contr.:* de façon directe et sans détour ⌞ **37 ils ont débarqué:** ils sont arrivés └ **39 le sous-sol:** l'étage souterrain └ **44 savamment:** avec une grande habileté └ **44 entretenir qc:** maintenir qc └ **44 de part et d'autre:** des deux côtés └ **47 paritaire:** ayant un nombre égal de représentants élus └ **48 les marchandages** *m.:* ici discussions └ **48 un agacement:** l'énervement └ **51 éplucher un sujet:** examiner un sujet avec soin, zerpflücken └ **52 être partie prenante de qc:** être d'accord avec └ **55 manifester sa réticence:** montrer sa réserve └ **56 répondre aux vœux de:** satisfaire le désir de └ **57 enchaîner qc:** continuer qc └ **58 passer qc au peigne fin:** examiner qc attentivement └ **59 le règlement de compte:** Abrechnung └ **59 de quoi j'me mêle?:** was geht dich das denn an? └ **61 arriver sur le plateau:** seinen Auftritt haben └ **61 un escalator:** un escalier mécanique └ **65 le journaliste allemand se doit d'être:** c'est un devoir pour un journaliste allemand d'être └ **66 effacé/e:** modeste, qui reste dans l'ombre └ **66 austère:** puritain, sobre └ **66 la déontologie:** Berufsethos └ **69 déférent/e:** respectueux/-se └ **77 décréter qc:** ordonner qc

AUTOUR DU TEXTE

1   Comment fonctionne la communication entre les collaborateurs allemands et français de la chaîne binationale?

2   Que pensent les Allemands de la prépondérance du français comme langue de travail?

3   Comparez les méthodes de travail, le comportement social et la façon dont on prend les décisions dans les deux pôles allemand et français de la chaîne.

4   Comment sont prises les décisions communes concernant les projets de la chaîne et la programmation d'émissions?

5   Quels types de désaccords, malentendus et conflits sont apparus au sein de la rédaction binationale depuis l'ouverture du canal en 1992? Quelles sont les causes de cette mésentente?
    Pour répondre à cette question, tenez compte des reproches que les Allemands adressent à leurs collègues français et vice versa.

6   Comment ces conflits ont-ils été résolus?

7   Et pourtant, il existe toujours des sujets d'irritation et d'insatisfaction chez les uns et les autres. De quoi s'agit-il? Comment pourrait-on régler ces problèmes à l'avenir?

8   Le climat qui règne au sein de la rédaction semble s'être nettement amélioré au prix de gros efforts déployés par les membres des deux équipes. Racontez ce qui a changé au cours de cette «époque un peu magique».

9   Pourquoi a-t-il été particulièrement difficile de se concerter sur l'élaboration et la présentation du journal télévisé du soir et des documentaires?

10 La fusion des deux équipes d'Arte est particulièrement avancée dans le secteur fiction. Comment la journaliste explique-t-elle ce petit miracle?

AU-DELÀ DU TEXTE

Actuellement, Arte cherche à sortir du cadre strictement franco-allemand et à se donner un profil européen. Cette réorientation vous semble-t-elle justifiée?

24 ■ Enseigner le français langue du partenaire

Pour un professeur français ayant l'habitude d'enseigner dans son système scolaire, l'entrée dans la section allemande, c'est d'abord la découverte de la démocra-
5 ⌐ tie. Il apprend que les élèves ont des droits, qu'ils les connaissent et veulent les voir respectés, qu'ils veulent être consultés ou éclairés sur l'organisation pédagogique des cours, que le professeur, en somme,
10 ⌐ n'est plus un monarque incontesté, au moins dans la légitimité de son autorité si ce n'est dans les faits, image d'un système centralisateur et hiérarchique, moins libéral pour ses élèves que le système alle-
15 ⌐ mand. Que ce soit pour des notes ou

Le bilinguisme

certains types d'exercices, le professeur doit énoncer et justifier ses critères ou ses objectifs s'il ne veut être contesté dans ses décisions.

Ce qui frappe aussi le professeur français, c'est la volonté des élèves des classes 12 et 13 d'être traités comme des adultes prenant eux-mêmes leurs responsabilités, et qui atten-
20 ⌐ dent de leur professeur qu'il leur fasse confiance et les laisse assumer leurs choix, voire leurs erreurs. Toute intervention plus ou moins sévère sur un travail rendu en retard, un comportement laissant à désirer ou des absences répétées peut conduire à la révolte ou au duel armé avec l'intéressé, la classe ou ses délégués.

Quel changement pour un enseignant libre de toutes contraintes dans son système,
25 ⌐ auteur incontesté des règles du jeu, et qui finalement, de par son statut a toujours le dernier mot! [...]

Deux systèmes de pensée?

Le professeur français vient dans la section allemande avec ses modes de pensée, ses exigences héritées d'une tradition culturelle propre à son système d'éducation, et rencontre
30 ⌐ sur son chemin des élèves habitués à d'autres exigences, liées elles-mêmes à leur propre culture. L'enseignant par l'intermédiaire de ses cours, par l'apprentissage d'un autre type d'exercices proposés aux épreuves orale et écrite du baccalauréat franco-allemand, s'efforce de transmettre à ses élèves une autre manière de lire les textes, de les comprendre, d'organiser et d'approfondir sa pensée.
35 ⌐ Une argumentation logique, illustrée et progressive partant d'une introduction pour aboutir, après une analyse indiquant clairement ses étapes, à une conclusion synthétique, exigence de l'essai «à la française», ou le résumé rigoureux et logique, clair et fidèle du contenu d'un texte d'idées, ou bien encore l'explication orale d'un texte littéraire devant

mettre en valeur non seulement les idées qu'il exprime mais aussi la forme choisie pour
40 └ les signifier, ne sont pas facilement maîtrisés par des élèves habitués à d'autres manières
de procéder.

Malgré cela, ceux qui parmi eux cherchent à comprendre et à assimiler ces autres façons
de faire, plutôt qu'à reprocher à leur enseignant la nouveauté de leurs exigences ou à
remettre en cause leur utilité, s'enrichissent en réalité des particularités d'un autre mode
45 └ de pensée, et comprennent finalement qu'au-delà des différences formelles, des démarches apparemment divergentes, les exigences de rigueur, justesse et vérité, restent fon-
damentalement les mêmes que celles de l'enseignement de la langue maternelle.

Michel Stadnik, Deutsch-Französisches Gymnasium Saarbrücken – Lycée Franco-Allemand de Sarrebruck, pp. 77–78

└ **10 incontesté/e:** absolu/e └ **16 énoncer qc:** formuler qc └ **20 assumer ses choix:** accepter de subir les conséquences de ses choix └ **20 voire:** et même └ **23 l'intéressé/e:** la personne concernée └ **31 par l'intermédiaire de:**
à travers └ **36 aboutir à:** arriver à └ **44 remettre en cause:** mettre en question └ **45 la démarche:** la manière de
procéder

AUTOUR DU TEXTE

1   Relevez dans la première partie du texte les expressions qui caractérisent le rôle du
professeur en France.
2   Qu'est-ce qui a frappé le professeur français enseignant en milieu scolaire allemand?
3   Quelles sont les principales différences des deux systèmes scolaires selon Michel
Stadnik?
4   Comment ces différences se manifestent-elles dans le comportement des élèves allemands?
5   Décrivez la façon dont un professeur français enseigne l'analyse de texte.
6   Qu'est-ce que le professeur français peut apporter aux élèves allemands?

AU-DELÀ DU TEXTE

1   Quand un professeur français applique ses propres méthodes dans une classe allemande, quels sont les problèmes qui peuvent en résulter?
2   Auriez-vous envie de fréquenter un lycée franco-allemand? Justifiez votre opinion.

25 ■ L'Europe des différences

S'il est venu à Nancy dans le cadre d'un échange universitaire, Oliver Reintjes, étudiant en gestion de l'entreprise dans l'ex-RDA, espère que cette expérience lui apportera une connaissance de la «différence» française. Son souhait: participer à la reconstruction de sa région économiquement sinistrée en travaillant dans une société européenne.

⌐5 Venu étudier les différences

L'étudiant de l'Allemagne réunifiée est aujourd'hui spécialisé en comptabilité et en fiscalité de l'entreprise. «J'étudie aussi l'évolution du système monétaire européen», explique-t-il dans un français encore hésitant. Des études qu'Oliver a menées à fond, sans aucune concession. Pour lui, retourner à Leipzig sans une nouvelle qualification aurait été un
⌐10 échec. Passage obligé: l'Europe et ses différences. Il insiste: «di-ffé-ren-ces. C'est essentiel. Si j'ai choisi de venir à Nancy, c'est pour y rencontrer des personnes qui ne pensent pas nécessairement comme moi. J'ai un caractère allemand. Ici, je veux côtoyer des Français, pas des Européens mous». Explication: pour le moment, Oliver ne se sent pas «européen» pour un écu. Pourtant, la construction entamée au niveau économique, il est
⌐15 pour. Les échanges universitaires? Efficaces. Ce qu'il redoute, c'est la perte des identités nationales. Exemples mis en avant, la monnaie unique. «Le traité de Maastricht explique la nécessité d'une unité monétaire. On prend les choses à l'envers. Je suis pour des lois communes, fiscales, pénales et même constitutionnelles. Mais il faut d'abord les mettre en place avant d'instaurer un système monétaire communautaire. C'est cela aussi res-
⌐20 pecter les différences de chaque pays. Tous n'ont pas la même puissance économique.»

À Géra, la situation empire

Dans sa chambre de cité universitaire, Oliver Reintjes pointe le doigt sur une étagère encombrée de livres de droit et d'économie. Aux questions qu'il se pose, il trouve certaines réponses dans ces manuels. «Ce que j'apprends, j'espère un jour l'appliquer chez
⌐25 moi, dans ma région.» La réunification n'a pas tout résolu à Géra. La reconstruction d'une économie locale dévastée sera encore longue. Oliver sait que sa génération devra relever le défi. [...]
Un jour, l'étudiant aperçoit une affichette placardée sur les murs de son université: «À Nancy, étudiez le français.» La décision est spontanée. Il doit partir. Reste la question
⌐30 financière. Les aides européennes permettront de payer les frais de séjour en complément du «Bafög», la bourse allouée aux étudiants allemands.
1ᵉʳ octobre. Oliver aperçoit la place Thiers à travers les vitres du hall de la gare de Nancy. Pour la première fois? «Non, je suis venu ici en été, pendant quatre semaines. Un séjour mis en place par le département d'accueil. Une chance pour prendre contact avec la ville,
⌐35 faire les premières démarches administratives.» L'étudiant a eu le temps de préparer sa rentrée universitaire. En octobre, il consacre sa première semaine aux inscriptions. À la fac de Lettres, pas de problèmes. Ça se complique à la fac de Sciences économiques. Oliver est arrivé trop tard. Impossible pour lui d'assister au cours, même en auditeur libre. L'Allemand a du mal à saisir cette décision mais il n'insiste pas. «Les cours sont très spé-

cifiques ici. Ils ne correspondent pas toujours à ce que j'étudie en Allemagne.» Oliver potassera son économie tout seul, par correspondance, avec les cours de l'université de Leipzig. À celle de Nancy, il se consacrera seulement à l'étude du français. Dommage.

Rigueur allemande et intégration française

Faculté de lettres de Nancy. Mercredi 18 novembre. 14 heures. «Il est con ce mec», «Il est
45 ⌐ bigleux», «Je caille». Les traductions de ces phrases du français parlé sont difficiles pour la vingtaine d'étudiants étrangers du cours d'expression orale. Les explications fusent avec des accents américain, polonais, hollandais, allemand, coréen ... Oliver saura maintenant ce qu'est un «flic» que l'on appelle aussi un «poulet». «L'apprentissage de la langue, c'est essentiel pour moi. Il s'accompagne de celui d'une culture différente.»
50 ⌐ Nécessaire s'il veut un jour travailler avec des partenaires européens.

Pour cela, même s'il lui faudra développer plus de contacts avec les étudiants français, Oliver satisfait son appétit de diversité dans ces cours adaptés aux étrangers. [...] Émulation garantie même si Oliver constate qu'il aura quelques difficultés à adopter la mentalité française: «Une des grosses différences de comportement concerne la rigueur dans le
55 ⌐ travail. Ici, elle manque parfois. Cela pourrait m'empêcher de m'intégrer totalement.»

Stéphane Harter, Le français dans le monde, n° 282, juillet 1996, pp. 28–29

⌐ **2 la gestion de l'entreprise:** Betriebswirtschaft ⌐ **4 sinistré/e:** qui a subi des dommages, une catastrophe ⌐ **10 obligé/e:** obligatoire ⌐ **12 côtoyer qn:** avoir des relations fréquentes avec qn ⌐ **14 ne pas pour un écu:** nicht für einen Ecu (Ecu = ursprünglich geplante Bezeichnung für den Euro) *ici* il ne se sent pas européen du tout ⌐ **14 entamer qc:** commencer qc ⌐ **19 instaurer qc:** établir qc ⌐ **22 une étagère:** Regal(-brett) ⌐ **23 encombré/e:** surchargé/e ⌐ **26 dévaster qc:** ruiner qc ⌐ **27 relever le défi:** die Herausforderung annehmen ⌐ **31 allouer qc à qn:** accorder qc à qn ⌐ **38 l'auditeur/-trice libre:** Gasthörer/in ⌐ **41 potasser** *fam.:* büffeln ⌐ **44 con/ne** *fam.:* idiot/e ⌐ **45 bigleux/-se:** schielen ⌐ **45 cailler** *fam.:* avoir froid ⌐ **46 fuser:** surgir ⌐ **52 l'émulation** *f.:* Wettstreit ⌐ **54 la rigueur:** la dureté extrême

AUTOUR DU TEXTE

1 Qui est Olivier Reintjes? Pour le présenter, parlez de son pays natal et de ses études universitaires passées.

2 Comment le jeune Allemand en est-il venu à s'inscrire à l'université de Nancy? Quelles aides a-t-il reçues qui lui ont permis finalement de réaliser son projet et de participer à cet échange universitaire?

3 Quels sont les motifs d'insatisfaction dont Olivier nous fait part? À qui la faute?

1 Discutez le jugement nuancé et critique qu'Olivier émet sur l'après-Maastricht et les préparatifs de la mise en place de l'euro dans le cadre de la construction européenne.

2 L'étudiant allemand estime que l'Europe se nourrit de ses différences et ne peut que gagner en les préservant. Partagez-vous ce point de vue?

3 Pourquoi Olivier se tourne-t-il si résolument vers la France et l'Europe? Croyez-vous qu'il ait raison de placer tant d'espoirs dans un séjour universitaire à l'étranger?

4 L'expérience qu'Olivier est en train de vivre vous donne-t-elle envie de suivre son exemple? Donnez vos raisons.

5 Olivier dit: «J'ai un caractère allemand. Ici, je veux côtoyer des Français, pas des Européens mous». Et un peu plus loin, il prétend que ses compatriotes font preuve d'une plus grande «rigueur dans le travail» que les étudiants français.
Pensez-vous qu'on puisse opposer le «caractère allemand» à «la mentalité française»? Ne s'agit-il pas là plutôt de la survivance d'un vieux cliché?

6 Olivier estime que l'apprentissage du français qui va de pair avec l'initiation à la civilisation de ce pays, est indispensable pour qui veut «travailler avec des partenaires européens.»
Fournissez des arguments à l'appui de ce constat.

7 Croyez-vous qu'on puisse acquérir une très bonne connaissance de la civilisation d'un autre pays sans en avoir appris la langue?

8 Quelles expressions ou tournures relevant du français familier ou argotique connaissez-vous?

COUSINS GERMAINS
Nos différences
font notre force

26 ■ Les jeunes face aux vieux clichés

Préjugés et jugements

«Ils sont impossibles, ces Français!» La remarque a une valeur certaine, puisque c'est un Français, qui l'affirme, preuves à
5 └ l'appui: «Les rendez-vous ne sont pas tenus, les interlocuteurs sont mal préparés, on ne respecte pas le consommateur et on n'est même pas capable de régler le fonctionnement des feux tricolores ...» Tra-
10 └ duits en langage franco-allemand, ces propos signifient tout simplement que les Allemands ont un meilleur respect de leur agenda lorsqu'ils prennent un rendez-vous, qu'ils se préparent soigneusement
15 └ avant d'entamer une négociation, que le consommateur allemand peut se plaindre s'il n'est pas content d'un produit et que les feux verts sont généralement en phase.

Modes de vie et clichés

20 └ Jean-Pierre Courteau, directeur des services officiels du tourisme français en Allemagne, vit quotidiennement les différences franco-allemandes: «On a beau avoir les mêmes fuseaux horaires, on n'arrive pas à communiquer convenablement. Impossible de téléphoner à un Français le matin entre 8 et 10 heures et le midi entre 13 et 15 heures; par contre, ce sont eux qui veulent nous téléphoner à 18 heures, lorsque les Allemands ont déjà
25 └ quitté leur travail.» Il n'a pas toujours la vie facile, Jean-Pierre Courteau: d'un côté, il brosse un portrait critique de ses compatriotes à la lumière de ce qu'il vit en Allemagne: de l'autre, il «vend» justement cette France-là aux touristes allemands, qui d'ailleurs apprécient ces différences. Du moins pendant les vacances.

Compromis: Jean-Pierre Courteau concède que son jugement, parfois sévère, de la men-
30 └ talité française, est une critique facile: «Quand on est seulement de passage, comme c'est le cas pour moi quand je vais à Paris par exemple, on observe beaucoup plus, on compare.» Il ne veut surtout pas donner l'impression d'idéaliser l'Allemagne, mais se demande, pourquoi certaines idées ne pourraient pas être récupérées par les Français. Par exemple: «Pourquoi les Parisiens doivent-ils arriver stressés, la chemise trempée, au
35 └ travail et rentrer tard le soir à la maison à cause des embouteillages?». Jean-Pierre Courteau, lui, pourrait difficilement s'y faire: il préfère venir tôt le matin, quand tout le monde

dort encore ou presque, partir tôt le soir, faire du jogging ou du vélo de course dans la région du Taunus.

Le directeur de la Maison de la France à Francfort est loin d'être le seul à partager ce point
40 └ de vue. L'amitié franco-allemande sert, paraît-il, de modèle en Europe, cependant Marianne la Française et Michel l'allemand, incarnations de chacun des deux pays, mènent une vie conjugale turbulente: certes, dans ce cas, c'est l'Allemand qui porte la culotte, néanmoins le pantalon court et le bonnet de nuit font de ce Michel assez lourdaud et naïf un pantouflard à côté d'une Marianne marquée par le charme, la force combative et la
45 └ volonté de décision.

Les Français admirent la discipline des Allemands, leur sens de la propreté et de l'ordre, mais ne réclament pas de telles qualités pour eux-mêmes: les Allemands rouspètent après le laxisme de leurs voisins occidentaux, mais apprécient pendant les vacances la façon de vivre peu compliquée des Français.

50 └ Ah, ces fameux clichés! Tout le monde prétend vouloir les combattre, et ils reviennent chaque jour à la charge: l'Allemand, tel que la plupart des Français le voient, a un gros ventre, car il boit trop de bière; il roule avec prédilection en Mercedes et seulement sur la file de gauche des autoroutes, la plus rapide bien sûr; il a un logement confortable; il parle fort et voyage autour du monde. Une caricature semblable frappe l'image qu'ont les Alle-
55 └ mands des Français; ils conduisent une Dodoche déglinguée et ignorent tout de la priorité sur les routes; ils ne peuvent se passer de leur pain blanc sous le bras; la fierté qu'ils portent à leur propre Histoire est caractérisée par le chauvinisme et leur découverte du monde ne dépasse pas leur maison de week-end dans la province de la France profonde.
[...]

60 └ Jean-Pierre Courteau, qui depuis Francfort propose aux Allemands une certaine image de la France, mise bien sûr aussi sur «cette France profonde et provinciale» opposée à «une Allemagne très urbaine, moins paysanne». L'Allemand veut qu'on lui propose un petit-déjeuner dans le bistrot du coin, car dans les grandes villes allemandes il ne peut prendre son café du matin que dans un grand hôtel. Le touriste allemand, qui va en France, cher-
65 └ che un certain art de vivre, un certain style de vie.

G. Foussier, Les passe-frontières, PIA, pp. 122–127

└ **4 preuves à l'appui**: en apportant les preuves └ **6 l'interlocuteur/-trice**: Gesprächspartner/in └ **13 l'agenda** *m.*: Terminkalender └ **15 entamer qc**: commencer qc └ **18 les feux verts en phase**: aufeinander abgestimmte Verkehrsampeln └ **22 le fuseau horaire**: Zeitzone └ **26 brosser qc**: *ici* esquisser qc └ **29 concéder**: admettre └ **33 récupérer qc**: übernehmen └ **41 l'incarnation** *f.*: la personnification └ **43 lourdaud/e**: maladroit/e └ **44 pantouflard** *fam.*: qui aime rester chez soi └ **47 rouspéter** *fam.*: protester └ **48 le laxisme**: *contr.*: le rigorisme └ **50 revenir à la charge** *loc. fig.*: faire une nouvelle tentative, insister pour obtenir qc └ **52 la prédilection**: la préférence └ **55 la Dodoche**: la 2CV (voiture) └ **55 déglingué/e**: klapprig └ **61 miser sur qc**: setzen auf

53

1   Le premier paragraphe oppose Français et Allemands. Faites un tableau comparatif des qualités et des défauts des deux peuples.
2   Le directeur de la Maison de France vit quotidiennement les différences franco-alleman- des. Montrez que ces différences lui compliquent la vie.
3   En étudiant le vécu de Jean-Pierre Courteau, trouvez les heures où Français et Allemands peuvent se contacter par téléphone sans problème!
4   Jean-Pierre Courteau oppose le rythme de vie des Allemands à celui des Parisiens. Qu'est-ce qui ressort de cette comparaison?
5   Relevez dans ce texte toutes les informations illustrant la thèse de l'auteur selon laquelle Michel et Marianne, les incarnations des deux pays, mènent une vie conjugale turbu- lente.

27 ■ Les Allemands ne sont pas ceux que vous croyez!

Ils sont drôles, chaleureux, nonchalants et ils ont un petit poil dans la main ... De qui s'a- git-il? De nos cousins les Germains, pardi! Rangez vos à priori au placard.

Dans les livres d'images français, l'Allemand est un bourreau de travail, totalement dénué de cet humour qui serait le monopole d'Astérix et de ses descendants. Or les Alle-
5 ⌐ mands sont organisés certes, mais ne manquent pas d'humour et ils ne sont plus vrai- ment travailleurs. Eh oui ... À force de foncer tous les étés vers les plages du sud de l'Europe, nos voisins d'outre-Rhin ont pris goût aux habitudes méditerranéennes. Aujourd'hui, il est trop tard: l'Europe a corrompu les Allemands.
Commençons par l'humour. Les Allemands rient de ce qui semble irréalisable, mais que
10 ⌐ l'on fait malgré tout. L'Allemand rit de lui-même. Alors que le Français rit des «métè- ques» et l'Anglais des non-Britanniques et autres «grenouilles» ...
Après tout ce que l'histoire leur avait fait subir, les Allemands d'après-guerre, et surtout les Berlinois dont la ville avait été détruite par les bombardements alliés, cultivaient un humour noir de survivants, qu'ils résumaient par la formule suivante:
15 ⌐ Nous sommes tellement insupportables que même Lucifer n'a pas voulu de nous!
En réalité, les Allemands sont de grands sentimentaux qui masquent leurs émotions sous des formules à l'emporte-pièce. On dira ainsi de quelqu'un qui manifeste ouverte- ment une grande joie qu'il «doit avoir une overdose ...».

La gentillesse en 10 leçons

20 ⌐ Passons au travail. Les puissants syndicats d'outre-Rhin, toujours à la pointe du progrès social, ont lutté longtemps pour des diminutions substantielles d'horaires ... Victoire! Aujourd'hui, nos voisins d'outre-Rhin effectuent 1732 heures de travail par an, quand nous totalisons 1787 heures ... Ils ont, en moyenne, 29 jours de congés payés par an, alors que nous en sommes à 25,5 seulement.

25 ⌞ Les Allemands s'arrêtent maintenant de travailler avec le même zèle, le même systéma-
tisme et la même précision qu'ils mettaient jadis à travailler. Dans les grands magasins,
par exemple.[...] «En Allemagne, constate un professeur de marketing, la vendeuse aime
la marchandise et non le client. Aux États-Unis, c'est le contraire.»

Partant de l'idée que leurs compatriotes ne savent pas comment extérioriser leur gentil-
30 ⌞ lesse naturelle, des stratèges en relations publiques tentent d'acclimater en Allemagne le
«keep smiling» (Gardez le sourire) américain.

Ainsi, dans les deux ans qui viennent, les 35 000 salariés des services publics berlinois
seront astreints à suivre un cours de deux jours qui leur montrera comment s'y prendre
avec leurs congénères. Il en coûtera cinq millions de marks aux contribuables de leur ens-
35 ⌞ eigner que «le service de la clientèle est une rencontre humaine». Il ne faudra plus confondre «service public» et «brimades». Les usagers ne seront plus des «sujets» qu'on
rembarre, mais des «clients» qu'on dorlote. La «pervenche» leur présentera des procès-
verbaux avec un sourire. Et, si quelque désespéré veut se jeter sous les rames du métro,
le chef de station devra lui dire doucement de reculer en ajoutant «s'il vous plaît». Des
40 ⌞ équipes de contrôleurs en civil patrouillent pour s'assurer que ces consignes sont res-
pectées. Il est désormais o-bli-ga-toi-re d'être gentil!

Jean-Paul Picaper, Phosphore n° 174, Septembre 1995, p. 56

⌞ **1 nonchalant/e**: insouciant/e ⌞ **1 avoir un poil dans la main** *loc. fig.*: être très paresseux ⌞ **2 un a priori**: un préjugé ⌞ **3 un bourreau de travail**: Arbeitstier ⌞ **4 être dénué/e de qc**: manquer de qc ⌞ **4 le descendant**: Nachfahre
⌞ **6 à force de**: dadurch dass ... immer wieder ⌞ **6 foncer**: rouler à toute vitesse ⌞ **10 le métèque**: l'étranger (surtout méditerranéen) résidant en France ⌞ **17 les formules** *f.* **à l'emporte-pièce**: les paroles mordantes et incisives
⌞ **21 les diminutions** *f.* **d'horaires**: la réduction du temps de travail ⌞ **23 le congé**: les vacances ⌞ **25 le zèle**: l'enthousiasme ⌞ **26 jadis**: autrefois ⌞ **29 extérioriser leur gentillesse**: montrer leur gentillesse ⌞ **33 astreindre qn à**
fairq qc: obliger qn à faire qc ⌞ **33 comment s'y prendre**: wie man etwas bewerkstelligen soll ⌞ **34 le congénère**:
iron. le collègue ⌞ **34 le contribuable**: la personne qui paye des impôts ⌞ **36 confondre qc/qn avec qc/qn**: prendre
(une personne, une chose) pour une autre ⌞ **36 les brimades** *f.*: Schikanen ⌞ **36 le sujet**: *ici* Untertan ⌞ **37 rem-**
barrer qn: repousser brutalement par un refus ⌞ **37 dorloter qn**: entourer qn de soins ⌞ **37 la pervenche**: Politesse ⌞ **37 le procès-verbal**: l'amende, la contravention ⌞ **38 quelque**: *ici* irgend(so)ein ⌞ **38 les rames** *f.* **du**
métro: les trains du métro ⌞ **40 la consigne**: l'instruction stricte

AUTOUR DU TEXTE

1   Quelle est l'image traditionnelle que les Français ont de leurs voisins allemands?
2   Les Allemands sont en train de changer.
     a) Comment ce changement s'opère-t-il?
     b) Quel est ou devrait être le résultat final de cette métamorphose?
3   Il s'agit là d'un article drôle et ironique. Donnez-en des exemples.

AU-DELÀ DU TEXTE

1   L'image de l'Allemagne et des Allemands présentée par J.-P. Picaper vous semble-t-elle
     correspondre à la réalité? Justifiez votre opinion.
2   Quel est le rôle que jouent les médias et notamment la télévision dans notre connais-
     sance des réalités d'autres pays?

28 ■ Tour de France: L'euro du vélo

Décidément, il faudra batailler dur pour que l'Allemagne n'impose pas sa loi en Europe! Après l'euro, le vélo ... Encore cette notation n'est-elle qu'à moitié fondée: le cyclisme est un des rares sports où la nationalité s'efface derrière le champion. S'il y a un génie de la bicyclette, il n'est ni français, ni italien, ni espagnol, mais européen. [...]

5 ⌞ Que, pour la première fois, un Allemand gagne le Tour de France n'intéressera donc que les amateurs de statistiques. Tous les autres se souviendront d'une compétition vive et rude, montagneuse et bien conçue. Ce fut un Tour à l'ancienne: aucun patron, au départ, ne s'imposait; aucune étape ne provoqua l'indifférence. Il y eut tant d'attaques qu'elles suscitèrent, en toute logique, des défenses, ce qui rendit la course mouvementée. Mais,

10 ⌞ pour qu'il y ait épopée, il faut un duel et des personnages aux natures opposées. Au fil des jours, alors, le coureur se métamorphose en champion, et le champion engendre un caractère.

Jan Ullrich incarna donc le Germain impassible et travailleur, symbole de l'Allemagne réunifiée, mêlant le romantisme de l'Ouest et la discipline de l'Est. Richard Virenque

15 ⌞ joua le Latin, tenace et cabochard, gavroche du peloton et star innée. On s'y retrouvait, on pouvait prendre parti, on était au spectacle. [...]

Est-ce parce que la France, celle des cols et des blés, est belle? Ou parce que l'équipée permet d'oublier un peu, l'espace de trois semaines, les difficultés quotidiennes? Ou parce que cette épreuve-là, si difficile, exalte des notions – l'effort, le dépassement de soi,

20 ⌞ le sens de l'équipe – que l'époque ne promeut guère? D'année en année, le Tour engendre de plus en plus de spectateurs au bord des routes et de téléspectateurs au fond des fauteuils. La joie est si sincère et le soutien aux coursiers si fervent qu'ils gomment les nécessités commerciales dénoncées par les esprits chagrins. Le phénomène n'est pas seulement français; il devient européen – les touristes étrangers constituent une bonne

25 ⌞ partie du public – et mondial – les télévisions sont toujours plus nombreuses à suivre les étapes.

Avec enthousiasme, le monde découvre que pédaler pendant près de quatre mille kilomètres constitue, en cette fin de siècle, une des rares aventures collectives possibles. Il a raison. Honte et malheur à celui qui ne s'est jamais pris de passion pour un boyau.

Michel Schifres, Le Figaro n° 98 10002, Lundi 28 juillet 1997, p. 1

⌞ **1 imposer sa loi:** dicter sa volonté ⌞ **2 la notation:** la remarque ⌞ **3 s'effacer:** disparaître ⌞ **7 à l'ancienne:** à la manière d'autrefois ⌞ **9 susciter qc:** provoquer qc ⌞ **10 une épopée:** une suite d'aventures, une suite d'événements héroïques ⌞ **10 au fil de:** tout au long de ⌞ **11 engendrer qc:** faire naître qc ⌞ **13 impassible:** calme, stoïque ⌞ **15 tenace:** obstiné ⌞ **15 cabochard/e** *fam.:* entêté/e ⌞ **15 gavroche:** *ici* moqueur, railleur, goguenard ⌞ **15 le peloton:** le groupe compact de cyclistes dans une course ⌞ **15 inné/e:** naturel/le ⌞ **19 exalter qc:** glorifier qc ⌞ **22 fervent/e:** passionné/e ⌞ **22 gommer qc** *fig.:* effacer qc ⌞ **23 chagrin/e:** triste ⌞ **29 le boyau:** dünner Fahrradschlauch

AUTOUR DU TEXTE

1 Quel lien le chroniqueur du Figaro, établit-il, entre la monnaie unique et la première victoire d'un coureur allemand dans le Tour de France?

2 Le public a coutume de voir dans les champions, moins des individus que plutôt l'incarnation vivante des valeurs et des défauts qu'on prête volontiers à leur pays d'origine.
a) Par quels traits de caractère l'Allemand Jan Ullrich se démarque-t-il de son principal adversaire français aux yeux des spectateurs?
b) Essayez de démêler le vrai du faux dans l'image stéréotypée que le texte donne des deux rivaux.
c) Pourquoi le public reste-t-il attaché à ces représentations collectives?

3 Quelles sont les raisons de l'attrait croissant que le Tour de France exerce sur les masses? Commentez les éléments de réponse fournis par l'éditorialiste.

4 Montrez que l'éditorial de Michel Schifres est avant tout un hommage à la beauté légendaire du Tour de France.

AU-DELÀ DU TEXTE

1 Que vous inspire le rapprochement que l'éditorialiste fait entre l'euro et le vélo?

2 Dans le sport de haut niveau, on fait, en général, l'amalgame entre les athlètes et leur pays d'origine. Ne s'agit-il pas là d'une assimilation abusive, voire dangereuse? Justifiez votre réponse.

▬ DIFFÉRENCES ET COMPLÉMENTARITÉ

29 ▪ Presse: deux styles à la Une

Et deux types de relations avec le pouvoir politique. Plus directes à Bonn qu'à Paris. Plus libres?

La différence entre les presses française et allemande? À Paris, l'Élysée convoque des journalistes à un spectacle médiatique, magistralement mis en scène et interprété par le chef d'État. À Bonn, le chancelier leur demande de l'inviter dans leurs modestes lo-
5 └ caux pour se livrer à leurs questions. Deux conceptions du rôle de la presse.

À Bonn, cette «petite ville en Allemagne», comme la surnomma John Le Carré, la presse est omniprésente. Un millier de journalistes (dont 375 étrangers, mais, hélas! une poignée de Français) se croisent à longueur de journée dans la Maison de la presse du Tulpenfeld, dans le quartier du Bundestag, au Presseclub ou au restaurant Provinz. Lan-
10 └ cez une rumeur le matin, elle vous revient le soir même ...

Bonn vit de la politique et de ses commentateurs. On y prend au sérieux le «quatrième pouvoir», on le craindrait presque! Quand la secrétaire d'un haut fonctionnaire vous promet: «On vous rappelle» soyez sûr que ce sera fait dans la journée. Les communi-qués de partis politiques et d'organismes de toutes sortes arrivent par dizaines sur votre
15 └ bureau. Trois fois par semaine, un des porte-parole du gouvernement, souvent accom-pagné de ses collègues des ministères, se présente devant la presse.

Les traditions journalistiques sont différentes des deux côtés du Rhin. Plus littéraire, la presse française excelle dans la formule et le commentaire. La presse allemande, sou-cieuse d'imiter le modèle anglo-saxon, rêve de journalisme d'investigation et néglige vo-
20 └ lontairement l'élégance du style ou la démonstration d'une culture. Enfin, il est beau-coup plus courant, à Bonn, d'aller voir un député dans son bureau que de le rencontrer à la table d'un bon restaurant pour, entre poire et fromage, aborder les sujets qui justi-fient la note de frais.

À Bonn comme à Paris, un journaliste peut se faire remarquer par son style original ou
25 └ la pertinence de son jugement. Mais l'ambition du journaliste allemand restera toujours de révéler un scandale ou, du moins, de «coincer» un personnage de la vie publique. À ses yeux, ses confrères français ne réussissent jamais à aller jusqu'au bout de leurs en-quêtes.

La classe politique allemande vit sous le regard acéré de la presse et se défend à sa ma-
30 └ nière. Elle embrasse le curieux pour mieux l'étouffer. Tout homme (ou femme) politique a sa cour. Une petite information exclusive ici, un renseignement précieux là – et le jour-naliste fera le maximum pour ne pas fâcher celui qui lui fait des confidences. Cela vaut également à Paris. Mais, chez nous, les distances sont plus courtes, les liens entre le per-sonnel politique et les médias plus étroits, la familiarité est facile. Passer une soirée bien
35 └ arrosée dans la villa d'un ministre ou inviter tel député chez soi couronnent la carrière d'un correspondant de journal provincial dans la capitale.

Une fois par semaine, le patron du Parti social-démocrate invite au petit déjeuner un groupe de journalistes, toujours les mêmes. Le chancelier offre une tasse de thé à «ses» journalistes, de temps à autre. Le ministre des Finances convoque la «presse spécialisée»

⌞40 (entendez: «bien vue») à une conversation background. Invitation signifie récompense, exclusion égale punition. Et le politique a des friandises en réserve: un voyage officiel, une garden-party dont on sera.

Paris, où j'ai longtemps exercé ce métier, abrite de très nombreux journalistes allemands, plusieurs dizaines. Le contraste avec les rares correspondants français en RFA est frap-
⌞45 pant. Manque d'intérêt?

À Bonn, la plupart des «cercles» de presse se situent à droite ou à gauche et prennent bien garde de ne pas coopter de membres appartenant à l'autre bord. Là aussi, on joue le jeu ou on reste devant la porte. Le pouvoir sait d'ailleurs bien choisir ses interlocuteurs. Un ministre peut rassembler la dizaine de membres du cercle aptes à faire passer son message.
⌞50 Procédé commode, mais propice aux fausses rumeurs et au favoritisme politique. Tant pis pour ceux qui supportent mal le microcosme quelque peu provincial de Bonn!

Tous les correspondants étrangers dans la capitale vous diront qu'il est facile d'y travailler. Plus qu'à Paris. On y est bien informé, mais on y a du mal à garder son indépendance. Un journaliste dorloté devient vite conformiste.

K.-P. Schmidt, l'Express, 22 janvier 1988, p. 50

⌞ **2 convoquer qn**: faire venir qn ⌞ **4 le local**: *ici* le bureau ⌞ **6 surnommer qn**: donner un autre nom à qn ⌞ **8 une poignée de**: un petit nombre de ⌞ **9 lancer qc**: *ici* faire circuler qc ⌞ **11 le 4ᵉ pouvoir**: la presse, les médias ⌞ **15 le porte-parole**: une personne qui prend la parole au nom de qn ⌞ **18 exceller**: briller ⌞ **19 l'investigation** *f.*: l'enquête attentive ⌞ **20 la démonstration d'une culture**: Zurschaustellen seiner Bildung ⌞ **22 aborder un sujet**: parler d'un sujet ⌞ **23 les frais** *m.*: les dépenses ⌞ **25 la pertinence**: le bien-fondé ⌞ **26 coincer qn**: *ici* mettre qn en difficulté ⌞ **27 le confrère**: le collègue de travail ⌞ **29 acéré/e**: dur/e ⌞ **30 embrasser qn**: *ici* prendre et serrer qn entre ses bras ⌞ **30 étouffer qn**: empêcher qn de respirer ⌞ **32 une confidence**: vertrauliche Mitteilung ⌞ **34 une soirée arrosée**: une soirée au cours de laquelle on boit beaucoup d'alcool ⌞ **35 tel**: un certain ⌞ **41 égaler**: signifier ⌞ **41 la friandise**: Bonbon ⌞ **43 abriter qn**: héberger qn ⌞ **47 coopter qn**: admettre qn ⌞ **49 apte à**: propre à ⌞ **50 propice à**: favorable à ⌞ **50 le favoritisme**: l'attribution d'avantages par faveur et non selon la justice ou le mérite ⌞ **54 dorloter qn**: entourer qn de soins

AUTOUR DU TEXTE

1   Caractérisez l'ambiance que rencontre le journaliste français qui travaille à Bonn.

2   L'auteur prétend que les traditions journalistiques ne sont pas les mêmes des deux côtés du Rhin. Montrez en quoi ces traditions se distinguent.

3   Décrivez l'attitude du journaliste allemand face au scandale politique. Comparez-la à celle de son confrère français.

4   Comment la classe politique allemande se comporte-t-elle à l'égard des journalistes?

5   Comment les hommes politiques français arrivent-ils à garder leurs distances avec les journalistes?

6   Le premier paragraphe sert d'introduction au texte. De quels moyens stylistiques l'auteur se sert-il pour présenter son sujet?

7   Relevez dans la texte quelques exemples qui illustrent l'ambiance familiale qui règne à Bonn.

8   Montrez, à l'aide du texte, que cette familiarité peut se révéler dangereuse pour la liberté de la presse.

Expliquez le terme «quatrième pouvoir» (l. 11) et exposez les raisons pour lesquelles il faut le prendre au sérieux.

30 ■ Ich liebe Dich, moi non plus

Maria et François, Matthias et Agnès … Le secret des couples franco-allemands: cultiver la différence.

Automne 1961. Maria est souabe, elle a 20 ans, elle vient à Paris et, en touriste consciencieuse, s'apprête à entrer au musée du Louvre. Lorsqu'en sortent le chancelier Adenauer et le général de Gaulle. Fin de l'un des premiers sommets préparatoires à la grande céré
5 ⌐ monie d'amitié franco-allemande, qui aura lieu en 1963. Le couple politique en provoque un autre.

«C'est peu dire qu'ils m'ont impressionnée, confie aujourd'hui Maria; j'ai aussitôt eu envie de donner plus de chair à leurs appels à l'union!» En commençant par une fréquentation assidue des cours de l'Alliance française. Le destin fait le reste. Et le mariage
10 ⌐ avec François lui donne ipso facto la nationalité française. L'amour est enfant des accords Adenauer–de Gaulle.

Temps bénis! Quand, voilà deux ans, Maria se fait voler sa carte d'identité, une fonctionnaire municipale revêche du IIe arrondissement de Paris exige d'elle une «attestation de naturalisation», qui ne fut jamais délivrée. Si, au bout du compte, tout s'arrange, les
15 ⌐ procédures, elles, tendent à s'alourdir. D'où la création, ces jours derniers, d'une association «pour la reconnaissance des intérêts franco-allemands», Tandem.

«Pour devenir allemande, ma femme devrait justifier de deux ans de résidence en RFA», confirme Matthias, 25 ans. Hambourgeois, il a épousé Agnès, voilà un an et demi. À Chambéry, dans une église catholique, mais selon le rite protestant conduit par un curé
20 ⌐ et un pasteur. Pourtant, Matthias le luthérien et Agnès la catholique n'ont rien de pratiquants intégristes. Tout juste des souvenirs d'enfance. Une manière pour leur couple, fixé à Paris, de marquer ses origines: «Je reste allemand, elle demeure française», insiste Matthias. Chacun parle dans sa langue à Laura – Matthias prononce «Laôra» – leur petite fille de 14 mois. Pour s'être rencontrés dans un cours de danse espagnole, Matthias et
25 ⌐ Agnès n'ont pas adopté une langue neutre. Quand bien même leur future voiture serait suédoise. «Comme d'habitude, c'est l'allemand qui s'est effacé», dit Matthias avec une pointe de regret. Regret, parce qu'il souhaiterait faire connaître à Agnès «l'intraduisible ‹Iphigénie› de Goethe». Lui, en revanche, a lu dans le texte «Les Mémoires d'Hadrien», de Marguerite Yourcenar, quelques strophes de Stéphane Mallarmé – soupir! – Racine –
30 ⌐ le soupir confine au râle. Mais l'univers janséniste de «Port-Royal», d'Henry de Montherlant, transporte son âme luthérienne.

Qu'importe, c'est la différence qui entretient la vitalité du jeune couple. La sensibilité hanséatique de Matthias est sobre, celle d'Agnès, élevée près de l'Italie, aurait plutôt quelques accents baroques. Mais il apprécie chez son épouse le maquillage, discret, et l'usage,
35 ⌐ moins courant outre-Rhin, de l'épilation. Deux pratiques qu'il juge «très françaises» et somme toute agréables.

Chapitre histoire, Matthias parle du second conflit mondial, et Agnès de la guerre d'Algérie. Sa famille vient de Constantine. Côté fourneau: il mitonne des choux rouges, elle cuisine des aubergines. C'est cependant d'un même œil ému qu'ils voyaient récemment
40 └ au cinéma «Les Ailes du désir» de Wim Wenders, tourné à Berlin, la seule ville européenne avec Paris où ils envisagent de s'installer dans l'avenir.

«Nous sommes un couple comme les autres», conviennent Jean-Claude et Maria, tous les deux la trentaine, et vivant ensemble depuis dix ans à Paris. Le Rhin n'a pas pour autant cessé de couler au mitan du lit conjugal. Grand thème des discussions franco-allemandes:
45 └ le café. Le petit noir français? «Sans arôme, seulement amer», dit Maria en souriant. Quant à Jean-Claude, il passe au bar après le petit déjeuner préparé par son épouse. La partie allemande affiche, en outre, une sensibilité écologique nettement plus vive. Jusqu'à se faire envoyer de RFA la liste des produits alimentaires douteux.

De Tchernobyl aux vertus civiques, en passant par des conceptions parfois divergentes de
50 └ la fête, les échanges d'idées ne manquent pas. Que les couples franco-allemands savourent leur bonheur: leurs scènes de ménage ne seront jamais que débats entre Kultur et civilisation. Décidément, l'Histoire a bon dos.

Guillaume Malaurie, L'Express, 22 janvier 1988, p. 49

└ **2 souabe:** schwäbisch └ **3 s'apprêter à:** se préparer à, se disposer à └ **4 le sommet:** Gipfeltreffen └ **8 donner plus de chair à:** donner plus de substance à └ **9 assidu/e:** régulier/-ière └ **9 l'Alliance Française:** institution destinée à la promotion de la langue et de la civilisation françaises └ **10 ipso facto** *loc. lat.:* automatiquement └ **13 revêche:** rude └ **14 la naturalisation:** Einbürgerung └ **17 justifier de qc:** etw. nachweisen └ **21 intégriste:** fondamentaliste └ **29 le soupir:** Seufzer └ **30 confiner à:** être tout proche de └ **30 le râle:** Röcheln └ **30 janséniste:** *ici* d'une morale rigide └ **30 Port-Royal:** l'abbaye d'où est parti le jansénisme au 17ᵉ siècle └ **31 transporter son âme:** ravir, enthousiasmer └ **35 épiler qn:** arracher les poils, les cheveux de qn └ **38 le fourneau:** la cuisinière └ **38 mitonner qc:** faire cuire longtemps à petit feu └ **44 le mitan** *pop.:* le milieu └ **47 afficher qc:** montrer qc └ **49 civique:** staatsbürgerlich └ **52 avoir bon dos:** supporter injustement la responsabilité d'une faute

AUTOUR DU TEXTE

1 Comment une rencontre fortuite a-t-elle pu changer le cours de la vie de Maria?

2 C'est visiblement son côté français qui attire Matthias chez sa femme. À quoi tient cet attrait pour le mari?

3 Comment les couples mixtes présentés dans l'article arrivent-ils à «marquer leurs origines» et à cultiver la différence sans rompre l'harmonie du ménage?

4 «Comme d'habitude, c'est l'allemand qui s'est effacé», constate Matthias, un peu déçu, en abordant le problème de la langue pratiquée à la maison. Faut-il le prendre au sérieux?

5 L'article est écrit sur un ton plaisant et finement ironique. Donnez-en des exemples et commentez-les.

AU-DELÀ DU TEXTE

1 Que vous inspire la conclusion du journaliste sur le bonheur des couples franco-allemands?

2 Croyez-vous que les couples binationaux soient des couples «comme les autres»? Justifiez votre point de vue.

31 ■ Grands projets, petits pas

Forte de son avance, l'industrie d'outre-Rhin n'a guère d'ardeur pour les alliances technologiques.

Comment faire coopérer une France cigale, toujours prête à s'enthousiasmer pour le progrès – une nouvelle technologie, un grand programme scientifique – et une Allemagne fourmi, réservée à l'égard des belles idées coûteuses? Les créations les plus prestigieuses
5 ⌊ portées à l'actif des deux partenaires, Airbus et Ariane, reflètent cette difficulté fondamentale. L'initiative est venue de la France, la République fédérale s'y est jointe peu à peu. «Nous avons besoin des impulsions et de l'enthousiasme français pour faire accepter projets et crédits chez nous», explique Reinhard Furrer, astronaute allemand qui participa à la première mission du Spacelab européen. Pour lui, un projet comme la na-
10 ⌊ vette spatiale Hermès quelle qu'ait été la qualité des plans initiaux, requérait la rampe de lancement de Paris avant d'être admis à Bonn. La méfiance envers les excès de la technique dans une partie de la population allemande, l'attitude frileuse de la classe politique ont freiné ces grands projets: plus de trois ans auront été nécessaires pour que Bonn se décide, du bout des lèvres, à participer à la navette spatiale européenne.
15 ⌊ Un expert français croit pouvoir donner une explication de cette attitude. «Tout ce qui vient de chez nous, explique cet habitué des négociations difficiles, semble être reçu avec suspicion outre-Rhin. Comme si nous étions de doux «mégalos» rêvant de faire payer leurs folies par leurs riches voisins.» Pour un diplomate allemand, les raisons véritables sont ailleurs. «Le pouvoir est beaucoup plus morcelé chez nous qu'en France. Il faut ob-
20 ⌊ tenir l'adhésion non seulement des groupes de pression, qui ont des hommes dans les commissions parlementaires de Bonn, mais aussi des politiciens des Länder, qui exigent un morceau du gâteau. Les sommes que représentent ces projets sont alléchantes. Chaque décision doit concilier tous ces intérêts. Cela prend plus de temps que de faire travailler une administration pyramidale à la française.»
25 ⌊ Différences de mentalités et de structures politiques jouent un rôle central dans ce qu'il faut bien appeler un certain «complexe de supériorité» des Allemands dans la collaboration technologique avec la France. Même dans les cas, rares, où leur infériorité est manifeste. Un haut responsable de la Bundesbahn – les chemins de fer fédéraux – s'est exclamé un jour que «jamais un TGV n'entrerait dans une gare allemande». Pourtant,
30 ⌊ les supertrains orange de la SNCF sont en service depuis près de huit ans, alors que leurs homologues ouest-allemands (ICE) en sont encore au stade du développement.
Une étude que vient de publier le ministère fédéral de la Recherche et de la Technologie à Bonn le confirme: dans les 18 secteurs principaux – à l'exception des télécommunications – l'Allemagne fédérale l'emporte sur la France pour les dépôts de brevets. Selon
35 ⌊ ce document, la R.F.A. se maintient à un très bon niveau technologique, hormis dans quelques domaines très «pointus» où le Japon a creusé l'écart.
Cette bonne santé n'incite pas particulièrement l'industrie d'outre-Rhin à se lancer dans la coopération. Certes, Siemens s'est marié avec Bull et le britannique ICL pour faire de la recherche en informatique. Mais quand Eurêka, le programme technologique eu-

ropéen, a été porté sur les fonts baptismaux, en novembre 1985, à Hanovre, les firmes de R.F.A., première puissance économique du continent, n'étaient présentes que dans trois des 300 projets présentés. «Pourquoi voulez-vous que nos entreprises aillent s'allier avec des concurrentes françaises ou non, pour faire de la recherche? nous demande un responsable du Dihk, l'Assemblée permanente des chambres de commerce et d'industrie ouest-allemandes. Sur un projet ponctuel, passe encore. Mais, en règle générale, cela nous ferait perdre l'avance technologique que nous avons.» L'évolution monétaire actuelle conforte cette attitude. Le mark fort et le dollar faible incitent, en effet, les entreprises allemandes à acheter aux États-Unis, notamment des actions de sociétés de high tech. Une façon de rattraper des retards sans chercher les alliances, en France ou ailleurs.

Un État fédéral qui se fait prier pour coopérer avec Paris, des entreprises privées qui n'en ressentent guère le besoin ... Airbus et Ariane sont les arbres qui cachent la forêt bien plus que les symboles prestigieux d'une collaboration sur tous les fronts. Longtemps encore, Français et Allemands devront s'en tenir aux grands projets exigeant volonté politique et financement public pour célébrer leurs messes technologiques. Ailleurs, la logique de la concurrence prime. Et la perspective du grand marché européen de 1992 aiguise les appétits.

Jean-Marc Gonin, L'Express, 22 janvier 1988, p. 42

└ **1 ... n'a guère d'ardeur** *f.*: ... n'a que très peu d'enthousiasme └ **2 la cigale**: «La cigale ayant chanté tout l'été» allusion à la fable de La Fontaine où la cigale symbolise celui qui aime le plaisir et la fourmi celui qui aime le travail └ **5 porter qc à l'actif de qn**: jdm etw. gutschreiben, jdm Erfolg in der Bilanz zuschreiben └ **9 la navette spatiale**: Raumfähre └ **10 requérir qc**: nécessiter qc └ **10 la rampe de lancement**: Startrampe, Abschussrampe └ **12 frileux/-se**: craintif/-ive └ **17 la suspicion**: Verdacht └ **17 un mégalo(mane)**: qn qui a trop d'ambition └ **19 morceler qc**: diviser qc en plusieurs morceaux └ **22 alléchant/e**: appétisant/e └ **31 un homologue**: Amtskollege └ **34 déposer un brevet**: ein Patent anmelden └ **35 hormis**: excepté └ **36 pointu/e**: d'une grande technicité └ **36 creuser un écart**: agrandir une distance └ **37 inciter qn à faire qc**: pousser, inviter qn à faire qc └ **40 porter sur les fonts baptismaux**: aus der Taufe heben └ **56 primer**: occuper la première place └ **57 aiguiser qc**: rendre qc plus vif

1   Comparez l'attitude de bon nombre d'Allemands face aux grands projets et aux propositions d'alliances technologiques à celle de leurs partenaires français.

2   Confrontez l'explication des hésitations allemandes donnée par l'expert français à celle du diplomate allemand. À votre avis, qu'y a-t-il de vrai dans ces deux points de vue difficilement compatibles?

3   Quels autres arguments le texte fournit-il pour expliquer les réticences allemandes face aux offres de coopération faites par des partenaires français ou européens? Qu'en pensez-vous? Lesquels de ces arguments méritent d'être pris plus au sérieux que d'autres?

4   Dressez la liste de quelques grands projets franco-allemands réalisés ou en cours de réalisation. Avez-vous l'impression que ces réalisations profitent aux deux pays?

5   Croyez-vous, comme le représentant de la DIHK, que la coopération risque de mettre en péril l'avance technologique allemande? Faut-il, par conséquent, refuser de coopérer dans le domaine de la recherche pour conserver cette avance?

6   Discutez la conclusion du journaliste.

32 ■ Michel Tournier: Le Roi des Aulnes

Le narrateur Abel Tiffauges est fait prisonnier en 1940 par les Allemands. Lors de sa captivité, il découvre en même temps que la Prusse-Orientale la langue allemande.

«Malgré les grands progrès que je fais en allemand, il est clair que j'y suis venu trop tard, et que je ne parlerai jamais cette langue comme le français. Je ne le regrette pas trop. La
5 └ distance – même devenue infime – entre ma pensée et ma parole, quand je pense, parle ou rêve en allemand, présente des avantages indiscutables. D'abord, la langue, ainsi légèrement opaque, crée une sorte de mur entre mes interlocuteurs et moi, et me donne une assurance inattendue et fort bénéfique. Il y a des choses que je n'arriverais pas à dire en français – des duretés, des aveux –, et qui s'échappent de mes lèvres sans difficulté,
10 └ travesties dans l'âpre parler germain. Cela s'ajoutant à la simplification qu'impose forcément à tout ce que je dis ma connaissance imparfaite de l'allemand fait de moi un homme beaucoup plus fruste, direct et brutal que le Tiffauges francophone. Métamorphose infiniment appréciable ... pour moi du moins.
L'allemand ignore les liaisons. Les mots et même les syllabes se juxtaposent comme des
15 └ cailloux, sans mêler leurs limites. Au lieu qu'une certaine fluidité noie la phrase française dans une continuité plaisante, mais qui menace de tourner à l'inconsistance. Parce que l'allemand se compose de pièces solides, comme celles d'un jeu de construction, il se prête à la construction indéfinie de mots composés qui demeurent parfaitement déchiffrables, alors qu'en français les mêmes créations se résoudraient vite en une bouillie
20 └ informe. Il en résulte que précipitée et impérieuse, la phrase allemande devient aussitôt rocailleuse et aboyante. Des statues ou des robots s'en accommoderaient. Nous autres, créatures muqueuses et tièdes, nous préférons le doux parler d'Ile-de-France.

Ce qui est tout à fait aberrant, c'est le sexe attribué par les mots allemands aux choses, et même aux gens. L'introduction d'un genre neutre était un perfectionnement intéressant,

25 ⌐ à condition d'en user avec discernement. Au lieu de quoi, on voit se déchaîner une volonté maligne de travestissement général. La lune devient un être masculin, et le soleil un être féminin. La mort devient mâle, la vie neutre. La chaise est elle aussi masculinisée, ce qui est fou; en revanche le chat est féminisé, ce qui répond à l'évidence même. Mais le paradoxe est à son comble avec la neutralisation de la femme elle-même à laquelle la lan-

30 ⌐ gue allemande se livre avec acharnement (Weib, Mädel, Mädchen, Fräulein, Frauenzimmer)».

Michel Tournier, Gallimard, Collection Folio, 1975, pp. 424–426

⌐ **5 infime:** minime ⌐ **7 opaque:** obscure ⌐ **10 âpre:** rude ⌐ **12 fruste:** lourdaud/e, primitif/-ive ⌐ **14 juxtaposer qc:** poser, mettre (une ou plusieurs choses) l'une à côté de l'autre ⌐ **19 la bouillie:** *ici* Mischmasch ⌐ **20 impérieux/-se:** qui commande d'une façon absolue ⌐ **21 rocailleux/-se:** qui manque d'harmonie ⌐ **21 aboyer:** dire qc d'une voix furieuse, crier (contre qn) ⌐ **22 créatures** *f.* **muqueuses et tièdes:** Menschen aus Fleisch und Blut ⌐ **23 aberrant/e:** absurde ⌐ **25 le discernement:** le bon sens ⌐ **26 malin/maligne:** mauvais/e, méchant/e ⌐ **26 le travestissement:** la déformation ⌐ **29 à son comble:** à son plus haut degré ⌐ **30 l'acharnement** *m.:* Hartnäckigkeit

AUTOUR DU TEXTE

1   Malgré tous ses progrès indéniables réalisés depuis son arrivée en Allemagne, Tiffauges ne maîtrise qu'imparfaitement la langue de Gœthe. Relevez les difficultés et les problèmes auxquels il se heurte.

2   Le narrateur a l'impression de ne plus être le même homme selon qu'il s'exprime dans sa langue maternelle ou en allemand. Quelle explication donne-t-il de cette étrange métamorphose et comment s'en accommode-t-il?

3   Faites à partir des observations du narrateur un tableau comparatif des particularités, des beautés et des déficiences des deux langues. Discutez des résultats obtenus.

4   Pourquoi Tiffauges donne-t-il la préférence au français?

5   Que ressentez-vous quand vous vous exprimez dans une langue qui n'est pas la vôtre? Confrontez votre expérience personnelle à celle du narrateur.

33 ▪ Parlez-vous allemand? De moins en moins ...

Les rédacteurs de manuels d'allemand à l'usage des collégiens et lycéens français n'ont pas la tâche facile. Il leur faut d'abord présenter de manière attrayante
5 ⌐ une langue qui a longtemps fonctionné comme critère de sélection: on connaît la psalmodie sur l'allemand-réservé-aux-meilleurs-élèves, substitut ou adjuvant du grec et du latin pour la formation des
10 ⌐ jeunes esprits. La force de conviction sociale de ce discours a débouché sur le contraire de son objectif: les parents d'élèves se sont détournés de ce triangle des Bermudes linguistique, alors que
15 ⌐ les critères de sélec- tion se déplaçaient, que la (fausse) réputation de difficulté de l'allemand continuait à dissuader les élèves «ordinaires» de l'étudier, et que la nécessité de parler anglais l'em-
20 ⌐ portait. Le constat est clair: bien que l'on ait, de part et d'autre du Rhin, la bouche pleine du «couple franco-allemand», il y a

Publicité pour les cours de français de l'Institut Français en 1990–1991

de moins en moins d'élèves français qui apprennent l'allemand (et réciproquement). Deuxième difficulté: comment convaincre les élèves et leurs parents de l'intérêt d'une
25 ⌐ langue antérieurement réputée comme celle de l'ennemi héréditaire et aujourd'hui proclamée celle de l'ami de (presque) toujours? Il y a une trentaine d'années, le père de famille proposé à la contemplation des petits Français était le produit d'une conjonction entre l'image de la lourdeur germanique, regardée comme traditionnelle et potentiellement dangereuse, et le reflet, vaguement jalousé, du prétendu «miracle économique».
30 ⌐ Gavé de saucisses et gonflé de bière, il se mettait au volant de sa Mercedes pour aller acheter un manteau de fourrure à sa femme, mère au foyer, faisant l'admiration de sa progéniture exemplairement propre sur elle et ardente au travail, c'est-à-dire manifestant déjà les qualités éternelles de l'Allemagne ...
«L'amitié franco-allemande» est passée par là, rendant impossible le maintien de ces
35 ⌐ clichés fort peu incitatifs aux échanges entre les deux peuples. Mais, puisqu'il fallait désormais aimer les Allemands – et non pas simplement les comprendre –, il convenait de rejeter l'essentiel de leurs caractéristiques, travesties par les préjugés germanophobes, et d'y substituer les mythes germanophiles adaptés à la glorification de l'axe Paris-Bonn. Ces Allemands si différents de nous devaient devenir des européens modèles semblables
40 ⌐ à nous, avec pour seule singularité leur obstination à parler une langue restée étrangère. Soyons justes: parmi les manuels récents, certains s'efforcent de démonter des préjugés germanophobes encore très vivaces en France, et d'inviter aux échanges et à la compréhension, sans céder à l'a priori du culte du «couple franco-allemand». Mais d'autres,

parmi les plus utilisés dans l'enseignement secondaire, continuent à diffuser une image
45 ∟ de l'Allemagne inspirée du principe qui voudrait que l'échange ne puisse s'effectuer
qu'entre partenaires identiques. Helmut Kohl a beau jurer ses grands dieux que la RFA
ne songe pas a écraser ses voisins, le manuel «Deutsch ist Klasse» brosse le tableau d'une
famille où le père, presque filiforme, utilise pour ses déplacements un minibus Volkswa-
gen écologiquement décoré de fleurs multicolores. Et, si l'on évoque des problèmes
50 ∟ sociaux, on sélectionne ceux qui n'ont rien de spécifique à l'Allemagne, [...].
Le manuel «Grenzenlos» dans sa représentation de l'unification allemande, montre une
photo où ne figurent, au premier plan, que des drapeaux européens. Le parti pris politique est ainsi clairement affirmé: les Allemands sont des européens avant d'être eux-
mêmes. Germanophilie communautaire ou germanophobie latente? Il reste du chemin
55 ∟ à faire pour surmonter les préjugés du passé sans succomber aux mythes du présent.

Jean-François Tournadre, L'EDJ, 30 janvier – 5 février 1997, p. 50

∟ **1 un manuel:** le livre scolaire ∟ **3 la tâche:** le devoir ∟ **7 la psalmodie:** une manière monotone de chanter
∟ **8 le substitut:** ce qui remplace ∟ **8 un adjuvant:** un produit que l'on ajoute à un matériau pour l'améliorer
∟ **11 déboucher (sur qc):** mener à qc ∟ **17 dissuader qn de faire qc:** jdn von etw. abbringen ∟ **23 réciproquement:**
inversement, vice versa ∟ **27 la contemplation:** l'observation ∟ **29 prétendu/e:** angeblich ∟ **30 gaver qn de qc:**
jdn mit etw. vollstopfen ∟ **31 la progéniture:** la descendance ∟ **32 ardent/e:** fanatique ∟ **37 travestir qc:** déformer
qc ∟ **38 adapté/e à:** geeignet zu ∟ **40 la singularité:** l'originalité ∟ **40 l'obstination** f.: l'acharnement ∟ **42
vivace:** langlebig, hartnäckig ∟ **43 un a priori:** un préjugé ∟ **47 songer à:** penser à ∟ **47 brosser le tableau de qc:**
ici esquisser qc ∟ **48 filiforme:** mince ∟ **52 le parti pris:** l'opinion préconçue ∟ **55 succomber à:** ne pas résister à

AUTOUR DU TEXTE

1 À quelles difficultés les rédacteurs de manuels d'allemand sont-ils confrontés?
2 a) Décrivez le genre de famille présentée dans les vieux manuels d'allemand. Comparez
ce genre de famille à la famille allemande des manuels récents.
b) L'image de la famille typiquement allemande a changé. Quelles sont les raisons de
cette évolution?
3 Quelle est l'image de l'Allemagne dans les récents manuels français? Que pense l'auteur
de cette présentation?

TRAVAIL PRATIQUE

Examinez vos manuels de français utilisés dans les différentes classes. Montrez dans
quelle mesure ils contribuent à une meilleure compréhension de notre voisin. (Ce travail
peut se faire en groupe; chaque groupe étudiera un manuel d'un autre niveau linguistique).

34 ■ Traduit du français

Mis à part les succès des traductions de L'Amant de Marguerite Duras, du Premier homme d'Albert Camus ou de Truismes de Marie Darrieussecq, les livres français sont de plus en plus boudés par les Allemands.

Comment se porte le livre français en Allemagne? Il pourrait certes aller mieux, répond,
5 └ à Francfort, le service compétent du Syndicat des éditeurs et libraires allemands, mais il ne va pas si mal que ça. Vu le nombre de titres français traduits et publiés en Allemagne, la littérature de l'Hexagone occupe toujours, parmi les littératures étrangères importées, la deuxième place derrière la littérature anglo-saxonne. Un chiffre de 7 % de la totalité des livres traduits est généralement donné, avec quelques petites variations après la virgule.
10 └ Ce n'est pas mal, en effet. Par les temps qui courent, on aurait pu attendre pire.
Seulement, derrière cette image rassurante se cache une toute autre réalité. Beaucoup d'éditeurs et de libraires affirment que le nombre des exemplaires vendus d'un titre français est en chute libre. [...] Par rapport aux années soixante-dix, les ventes ont été divisées par dix. [...]
15 └ Même les livres qui ont reçu un prix littéraire français prestigieux ne comblent pas l'attente de leurs éditeurs allemands. Impossible de contourner ce constat: les lecteurs allemands qui, à une certaine époque, s'arrachaient les ouvrages de Barthes, de Robbe-Grillet, de Le Clézio, n'ont pas eu de descendance. La passion pour la culture française, qui allait de soi pour la génération ayant grandi dans les années cinquante et
20 └ soixante, s'est éteinte.
Il y a sans doute, en Allemagne, un manque de curiosité généralisé vis-à-vis de toutes les littératures étrangères qui ne sont pas classées «valeurs sûres». Dans le cas de la littérature française, cependant, cette indifférence commence à se teinter d'une certaine dépréciation. Le recul constant de l'enseignement du français semble être autre chose que le
25 └ seul symptôme d'une défaillance pédagogique, tout comme le rejet des livres français s'explique sans doute davantage que par de simples carences de marketing. Depuis 1990 et l'unification, il semble que se manifeste, bien qu'encore discrètement, une francophobie de type nouveau.
Précédemment, bon nombre d'Allemands critiquaient la France pour des raisons précises:
30 └ ses: le nucléaire civil et militaire, les négligences écologiques. Depuis, la France a bien changé, sans qu'il en ait été vraiment pris note outre-Rhin. Les raisons de ce rejet ont disparu, mais le rejet lui-même est resté. Dans l'ombre de l'américanomanie politique et culturelle qui traverse l'Allemagne toutes ces dernières années sans trouver d'obstacles sur son chemin, une vilaine plante paludéenne grandit: le furtif ressentiment, sans qu'il
35 └ soit nommé, à l'égard de tout ce qui est français.
La culture, cette chair qui, longtemps, a enveloppé le corps politique et commercial unissant l'Allemagne et la France au cœur de l'Europe, risque de se dessécher. Or, avec la disparition de cette chair-là, sans la disposition à «s'absorber tendrement dans l'être de l'autre», comme disait dans les années vingt avec humour le francophile Tucholsky, com-
40 └ bien de temps encore peut résister toute l'ossature franco-allemande?

Lothar Baier, Magazine littéraire. Numéro spécial – Deux siècles de passions intellectuelles, France-Allemagne, L'amour et la haine, n° 359, Novembre 1997, pp. 66–67.

L 2 **le truisme:** la banalité L 2 **bouder qc:** *ici* etw. verschmähen L 5 **compétent/e:** *ici* zuständig L 10 **par les temps qui courent:** unter diesen Umständen L 15 **combler qn:** satisfaire qn pleinement L 23 **la dépréciation:** la dévalorisation L 25 **la défaillance:** l'insuffisance L 25 **le rejet:** l'abandon, le refus L 26 **la carence:** la faute L 34 **vilain/e:** *ici* horrible L 34 **paludéen/ne:** Sumpf... L 34 **furtif/-ive:** secret/-ète L 40 **l'ossature** *f.:* le squelette

AUTOUR DU TEXTE

1 Le public allemand s'intéresse-t-il moins à la littérature française qu'autrefois? Montrez qu'il n'est pas facile de répondre à cette question sans examen attentif.

2 Comment le journaliste explique-t-il la vogue actuelle des livres d'Albert Camus?

3 Qu'attend l'«Allemand moyen» d'un roman «français» bien ficelé? Que reproche l'essayiste à ce type de lecteur de livres français et de littératures étrangères en général?

4 Lothar Baier semble penser que les causes du recul de l'enseignement du français et du rejet des livres français en Allemagne ne sont pas uniquement d'ordre culturel. Analysez son argumentation et discutez-en le bien-fondé.

5 L'essayiste conclut que «toute l'ossature franco-allemande» sera mise en péril si le public allemand continue à se désintéresser de la culture française. Ne s'agit-il pas là d'un jugement exagéré? Justifiez votre point de vue.

6 Lisez-vous moins que vos aînés? Le multimédia et l'Internet menacent-ils le livre?

35 ■ Coup de sang: Ils me font peur!

L'article ci-dessous a été écrit quatre mois après la chute du mur de Berlin et à un moment où le processus de l'unification allemande était déjà enclenché.

Imaginons que les Flamands prennent un jour le parti de se rassembler en un seul État avec la bénédiction de la Belgique et des Pays-Bas. Ne serait-il pas raisonnable que la
5 L France, l'Allemagne, la Grande-Bretagne aient leur mot à dire? Si la Corse préférait s'arrimer à Rome pour relâcher ses liens avec Paris, il ne paraîtrait pas exorbitant que des Européens, des Méditerranéens autres que la France et l'Italie, y mettent leurs conditions. C'est ainsi qu'on vit en bonne intelligence et en bonne civilisation. Le 10 novembre 1989, lorsque le mur de Berlin s'est ouvert, les Allemands à l'Est comme à l'Ouest
10 L se représentaient l'unification à un horizon lointain après une longue période de maturation et de négociations tous azimuts: «Nous ne sommes pas pressés, entendait-on dire dans tous les partis. Tant qu'un seul veto d'où qu'il vienne s'y opposera, nous patienterons. Nous n'oublions pas ce que le monde a souffert de notre peuple.» Tous les partis sauf un: le nationalisme d'extrême droite.

15 L Dans l'euphorie qui était la nôtre – et non celle des Allemands – en novembre, nous trouvions ces démocrates d'outre-Rhin bien timides. Nous avions tout à gagner à l'édification d'une grande république au centre de l'Europe et tant de choses à vivre en commun. L'ineffable blessure les hantait et on compatissait, mais c'était à nous de réitérer le pardon dans une prière commune. Début décembre, ils ont commencé à parler à voix

20 └ basse d'unité, puis leur voix a enflé, puis ce fut la bourrasque, le tourbillon. De timorés, ils ont tourné indifférents, puis arrogants, puis grossiers pour finir carrément agressifs avec la Pologne.

Oubliées les confidences distinguées. Aujourd'hui ils chantent tous, ou à peu près, comme les nationalistes il y a trois mois. L'Europe est mise sens dessus dessous et nous
25 └ ne sommes ni consultés ni même informés. C'est comme ça et pas autrement. Et si vous n'êtes pas contents vous n'avez qu'à aller vous faire voir. J'applaudirais à une unité allemande dessinée avec politesse. J'ai tout contre une réunification bâclée grossièrement. Les Allemands plus que d'autres s'interrogent sur les périls attachés au caractère germanique lorsqu'ils perçoivent l'image épouvantable de leur visage que leur renvoie le re-
30 └ gard du Polonais, du Français, du Tsigane, du Juif. La Mercedes 180 n'est pas un ennemi, c'est un cadeau fait au monde entier et la démocratie allemande aussi, mais elles sont fondues pour les siècles des siècles dans l'ineffaçable. Ce n'est pas à eux de gratter les cicatrices. Quand le chancelier, qu'il s'appelle Kohl ou autrement, devient hautain et insultant, ça rappelle. Quand on nous dit: «Attention, si vous n'aidez pas les modérés,
35 └ les extrémistes vont progresser», ça rappelle.

L'Allemagne, pour des raisons qu'il serait grossier d'énumérer, a perdu à tout jamais le droit à la grossièreté. Les voisins de la Grande Allemagne et aussi ceux qui en ont souffert sont parties prenantes de l'unité au moins autant que les Allemands eux-mêmes. Si les Allemands, entraînés dans une spirale nationaliste ne veulent pas ou (pis) ne peu-
40 └ vent pas communier en Communauté dans cette circonstance, alors là oui, c'est le moment où jamais de ne pas avoir peur. Et de vérifier l'état de nos forces.

Guy Sitbon, Le Nouvel Observateur, 1er–7 mars 1990, p. 18

└ **2 enclencher qc**: mettre qc en marche └ **3 prendre le parti de**: se décider à └ **4 la bénédiction**: Segen └ **5 s'arrimer à**: s'attacher à └ **6 relâcher qc**: desserrer qc, détendre qc └ **6 exorbitant/e**: excessif/-ive └ **8 en bonne intelligence**: en parfaite harmonie └ **10 la maturation**: le mûrissement └ **11 tous azimuts** *fig.*: de tous les côtés └ **18 ineffable**: indescriptible └ **18 hanter qn**: obséder qn └ **18 compatir à qn**: avoir de la pitié pour qn └ **18 réitérer qc**: recommencer qc └ **20 enfler**: augmenter de volume, amplifier un son └ **20 la bourrasque**: la tempête └ **20 le tourbillon**: la tornade, le cyclone └ **20 timoré/e**: craintif/-ive, indécis/e, timide └ **21 grossier/-ière**: ordinaire └ **21 carrément**: catégoriquement └ **24 sens dessus dessous**: dans un grand désordre └ **27 bâcler** *fam.*: faire à la hâte et sans soins └ **29 épouvantable**: horrible └ **30 les Tsiganes**: Zigeuner └ **32 ineffaçable**: qui ne peut être détruit └ **32 gratter**: (auf)kratzen └ **33 la cicatrice**: Narbe └ **33 hautain/e**: arrogant/e └ **36 à tout jamais**: pour toujours └ **40 communier**: être en union spirituelle

AUTOUR DU TEXTE

1 Comment a-t-on réagi à Paris et à Bonn, immédiatement après la chute du mur de Berlin, à la perspective de l'unification allemande?

2 Le journaliste critique en termes très durs le changement d'attitude des dirigeants politiques allemands qui s'est produit peu après. Que leur reproche-t-il? De qui se fait-il le porte-parole? À quels événements historiques fait-il allusion? Dégagez le message qu'il veut faire passer.

1 Montrez que Guy Sitbon a pris la plume sous le coup de la colère et qu'il n'arrive guère à la réprimer. Comment expliquez-vous ce ton virulent et polémique?

2 Discutez le point de vue de l'auteur concernant le droit ou le devoir d'ingérence des États européens au nom d'une vie «en bonne intelligence et en bonne civilisation.»

3 Que répondriez-vous à cet homme qui clame sa peur des Allemands?

36 ■ Roucasserie

C'est un vieux touriste allemand qui se promène en France dans sa Mercedes flambant neuve:

– Oh! Frankreich, schön!

Tout à coup, au détour d'une petite route, il tombe sur une carriole tirée par un âne: c'est
5 └ Eugène Poulossière qui conduit un mouton à la foire agricole de Sainte-Julie-du-Poitou. Évidemment, il bloque toute la route. L'Allemand s'impatiente, klaxonne et finit par s'écrier:

– Schnell! Raoust, schnell!

En se retournant pour dire merde à l'Allemand, Eugène Poulossière perd le contrôle de la
10 └ carriole qui verse dans le fossé, et l'âne se casse une patte. L'Allemand, qui est un senti-mental, attrape dans la boîte à gants son Lüger de la dernière guerre, descend de sa voi-ture et dit:

– Ach, gross malheur! Paufre bête, je fais l'abattre pour lui éfiter de souvrir.

Pan! Pan! L'âne est tué.

15 └ Puis l'Allemand, remarque que le mouton d'Eugène Poulossière a deux pattes blessées et ajoute:

Oh, paufre petite mouton! Je fais lui éfiter des souvrances inutiles!

Et il le tue. Là-dessus, Eugène Poulossière qui lui aussi, en tombant dans le fossé, s'est cassé les deux jambes et un bras, fait un grand sourire à l'Allemand et lui dit:

20 └ – C'est rien, juste une égratignure!

Jean Roucas, Les roucasseries, J'ai lu, Tome 3, pp. 145–146

└ **1 flambant neuf:** tout neuf └ **4 la carriole:** une petite charrette campagnarde └ **5 la foire agricole:** un grand marché publique └ **10 verser:** tomber └ **10 la patte** *fam.:* la jambe └ **13 abattre qc:** tuer qc └ **20 une égra-tignure:** Kratzer

1   Commentez la drôlerie de l'histoire racontée par Jean Roucas. Montrez que le comique repose pour une bonne part sur un jeu de contrastes entre deux univers différents.

2   Quels traits de caractère le narrateur de l'histoire drôle prête-t-il à l'Allemand? Lesquels de ces traits de caractère relèvent du cliché?

3   Croyez-vous que l'âge du touriste ait une signification quelconque?

4   Avez-vous déjà eu l'occasion d'observer des touristes allemands voyageant à l'étranger? Comment sont-ils accueillis par la population autochtone?

37 ■ Sondage:
59 % des Français déclarent ne pas être effrayés par l'Allemagne

La France a-t-elle des raisons d'avoir peur de l'Allemagne?

32 %   Plutôt d'accord
59 %   Plutôt pas d'accord
9 %   Ne se prononcent pas

Pour l'Europe, la puissance économique allemande est une très bonne chose.

67 %   Plutôt d'accord
20 %   Plutôt pas d'accord
13 %   Ne se prononcent pas

L'Allemagne est la principale alliée de la France.

61 %   Plutôt d'accord
28 %   Plutôt pas d'accord
11 %   Ne se prononcent pas

Pour l'avenir, l'Allemagne ne peut pas se passer de l'alliance avec la France.

58 %   Plutôt d'accord
29 %   Plutôt pas d'accord
13 %   Ne se prononcent pas

L'ambition de l'Allemagne est de dominer l'Europe.

37 %   Plutôt d'accord
54 %   Plutôt pas d'accord
9 %   Ne se prononcent pas

La puissance économique allemande risque de faire perdre à la France toute influence économique.

34 %   Plutôt d'accord

54 %   Plutôt pas d'accord

12 %   Ne se prononcent pas

La monnaie unique servira surtout les intérêts de l'Allemagne.

33 %   Plutôt d'accord

48 %   Plutôt pas d'accord

19 %   Ne se prononcent pas

Sondage réalisé les 8 et 9 janvier 1997 auprès d'un échantillon national représentatif de 1002 personnes âgées de 18 ans et plus. Méthode des quotas (sexe, âge, catégorie socioprofessionnelle du chef de ménage). Stratification par région et taille d'agglomération.

Avouons-le, les résultats de ce sondage nous ont étonnés. Mais c'est bien à cela – et non à confirmer nos préjugés – que doivent servir les études d'opinion. Donc, nous avons été surpris. Et rassurés. Car c'est plutôt une bonne nouvelle: la grande majorité des Français (59 %) n'a plus peur du vieil «ennemi héréditaire», du «boche» qui venait «jus-
5   que dans nos bras, égorger nos fils, nos compagnes». Le long travail de réconciliation, celui aussi des pères fondateurs de l'Europe, a payé. Le temps également a fait son œuvre bénéfique: depuis la fin de la Seconde Guerre mondiale, plus d'un demi-siècle a passé sans guerre entre États européens (il ne s'était écoulé que vingt ans entre les deux grandes guerres mondiales). Les adultes d'aujourd'hui n'ont pas connu la guerre et n'ont pas
10   été élevés dans son culte. Les pessimistes diront que les Français se sont «résignés» à la puissance allemande (67 % pensent que c'est «une très bonne chose»). Mais il faudra ajouter que l'exemplarité démocratique de la RFA y a beaucoup contribué: plus de la moitié des Français (54 %) rejettent l'idée que l'Allemagne voudrait dominer l'Europe, alors que tous savent bien qu'elle en est la plus grande puissance économique. Reste ce
15   petit tiers de Français, votant plutôt aux extrêmes (PC et FN), qui continue de se méfier de notre grand voisin. Ce n'est pas un chiffre inquiétant, du moins tant que l'Europe de-

meure paisible et que l'Allemagne n'a pas la fièvre. Les difficultés économiques et les dos-d'âne sur le chemin de l'euro peuvent encore provoquer des secousses et d'autres études ont montré que les Français préféreraient un ralentissement de l'unification
20 └ monétaire – un recul des échéances – plutôt qu'un accident. Mais en attendant, et quoi que certains en aient dit, dans des accès de grandiloquence, l'Europe «n'est pas morte à Sarajevo». Sans doute cette Europe à forte connotation franco-allemande est-elle plus marchande qu'héroïque. Mais ne nous en plaignons pas: les héros ont l'âme guerrière. Tout au plus faut-il espérer qu'elle sera capable de conjuguer réalisme et générosité.
25 └ B. P.

Sondage CSA–EDJ du 30 janvier au 5 février 1997, p. 59

└ **5 égorger qn:** tuer qn en lui coupant la gorge └ **18 le dos-d'âne:** *ici* un obstacle qu'il faut surmonter └ **18 la secousse:** le choc └ **20 une échéance:** Frist └ **21 un accès de grandiloquence:** Phrasendrescherei └ **22 connotation** *f.: ici* Beigeschmack

AUTOUR DU TEXTE

1   Le journaliste qui commente les résultats du sondage est visiblement surpris. Pourquoi?
2   Quelle analyse fait-il des causes qui ont amené ces résultats étonnants?
3   De quel fameux texte est tirée la citation «jusque dans nos bras, égorger nos fils, nos compagnes»?
4   Dans le commentaire, il est beaucoup question de l'Europe. Quel lien y a-t-il entre les résultats de cette enquête d'opinion et l'Europe?

AU-DELÀ DU TEXTE

1   Il est un fait que la puissance allemande inquiète un nombre non négligeable de Français. Que vous inspire ce constat?
2   Y a-t-il des Allemands qui ont peur de la France? Justifiez votre opinion.
3   À quoi servent les sondages d'opinion?

Bildquellenverzeichnis

© AFP, S. 31
© Jacques Bellenger, S. 74
© T. Buron, S. 28
© Castaing, Despagne, Garnier, S. 51
© Collection Raymond Bachollet, S. 6
© Cornelsen Verlag, S. 63
© Deutsch-Französisches Gymnasium Saarbrücken, S. 47
© dpa, S. 40
© dpa/ZB, S. 57
© Eurokorps Straßburg, S. 43
© Hans Geisen, S. 27
© Martin Graf, S. 25
© Haus der Geschichte der Bundesrepublik Deutschland, S. 13, S. 39, S. 74
© Johannes Nawrath, S. 66
© Plantu, S. 73
© R. Remond, S. 10
© Josef Rommerskirchen, S. 34
© Theo Scherling, S. 52
© Ullstein, S. 15; Ullstein: © Forgacs, S. 14; Ullstein: © Foto 200, Titel

Nicht alle Copyrightinhaber konnten ermittelt werden; deren Urheberrechte werden hiermit vorsorglich und ausdrücklich anerkannt.